中等职业教育改革发展示范学校创新教材

仓储流程实训

刘凤琴 主编
周军卫 杨继娟 副主编
王敬晖 周永飞 主审

TRAINING OF WAREHOUSING

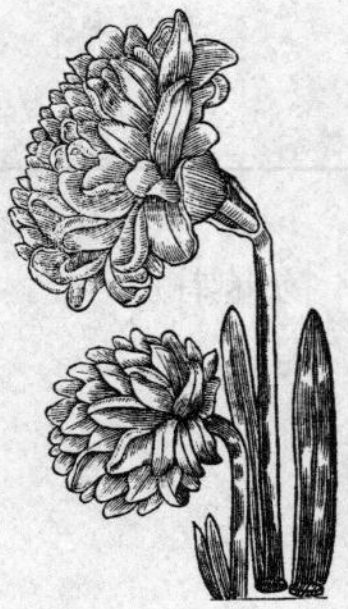

人民邮电出版社
北京

图书在版编目（CIP）数据

仓储流程实训 / 刘凤琴主编. -- 北京 : 人民邮电出版社, 2014.11
中等职业教育改革发展示范学校创新教材
ISBN 978-7-115-36745-7

Ⅰ. ①仓… Ⅱ. ①刘… Ⅲ. ①仓库管理－中等专业学校－教材 Ⅳ. ①F253.4

中国版本图书馆CIP数据核字(2014)第225063号

内 容 提 要

本书从基于 3D 仓储模拟系统实训和基于实际场景的手工操作实训这两个角度出发，设计了两大模块，共 18 个实训项目。模块一内容包括：配送中心仓库布局和设备认知、签署仓储服务合同、托盘货架区收货管理、电子标签区收货管理、自动化立体仓库区收货管理、轻型货架区收货管理、阁楼货架区收货管理、货物调拨与库存管理、托盘货架区发货管理、电子标签区发货管理、自动化立体仓库区发货管理、轻型货架区发货管理、添加货主和客户资料。模块二内容包括：货位编码、入库验收、堆码上架、库存盘点、货物出库、相关合同及协议范本。

本书既可作为中等职业学校物流及相关专业的教学用书，也可作为物流从业人员的参考用书及岗位培训教材。

◆ 主　　编　刘凤琴
副 主 编　周军卫　杨继娟
主　　审　王敬晖　周永飞
责任编辑　刘　琦
执行编辑　朱海昀
责任印制　焦志炜

◆ 人民邮电出版社出版发行　　北京市丰台区成寿寺路 11 号
邮编　100164　　电子邮件　315@ptpress.com.cn
网址　http://www.ptpress.com.cn
三河市中晟雅豪印务有限公司印刷

◆ 开本：787×1092　1/16
印张：8.5　　　　2014 年 11 月第 1 版
字数：173 千字　　　　2014 年 11 月河北第 1 次印刷

定价：20.00 元

读者服务热线：(010) 81055256　印装质量热线：(010) 81055316
反盗版热线：(010) 81055315

前言

PREFACE

仓储是物流活动的关键环节之一。仓储起着保护产品、衔接运输、平衡供需矛盾、保障生产顺利进行、保障销售正常供应的作用。在物流系统中，仓储是开展运输、配送、装卸搬运等其他物流活动的基础。社会生产、商品流通、人们消费都离不开仓储，所以仓储作业和仓储管理十分重要。作为物流从业人员，必须掌握仓储作业流程，了解仓储作业岗位以及各岗位的职责。

本书从基于 3D 仓储模拟系统实训和基于实际场景的手工操作实训这两个角度出发，设计了两大模块，共 18 个实训项目。“3D 仓储模拟系统”是广州市易胜信息科技有限公司在多年开发、实施管理系统项目的基础上，结合物流教学的具体情况，以实训为目标编制而成的一套软件。学生能通过 3D 交互形式模拟企业角色。基于 3D 仓储模拟系统的实训可以弥补教学中仓储实训场地设备种类不全的缺陷，能让物流专业的学生感受物流企业的运作环境，观察仓库不同存储区的入库、出库和在库保管作业流程，了解仓储企业岗位和岗位工作任务，进而对仓库的不同作业区域和各种仓储设备建立感性认识。

基于实际场景的仓储手工操作实训可以培养学生的实际操作能力，使学生能自觉地按照标准流程进行入库、出库和在库盘点作业，并掌握基本的仓库管理方法，学会使用基本的存储和搬运设备，掌握货位编码和货位的分配原则，帮助他们毕业后能迅速适应实际工作岗位要求。

本书由刘凤琴任主编，由周军卫、杨继娟任副主编，由王敬晖、周永飞任主审。参与编写的还有周明珠、李建辉、赵宇、刘霞、段捷润。

由于编写水平有限，书中难免存在不足之处，恳请广大读者批评指正。

编　者

2014 年 6 月

目 录

CONTENTS

模块一

仓储流程模拟仿真实训

项目一 配送中心仓库布局和设备认知

实训目的

本实训的目的是让学习者对第三方物流企业仓库的电子标签存储区、托盘存储区、立体仓库区、阁楼货架区、轻型货架区、RFID 存储区等建立感性认识，并通过观察这些区域的 3D 图像，了解这些存储区使用了什么样的货架。同时，让学习者了解电动叉车、手动液压托盘搬运车、巷道堆垛机、托盘、辊柱输送机、皮带输送机、自动引导搬运车（AGV）等设备的用途。

计划学时

本实训计划用时为 1 课时。

实训任务

任务单

以总经理身份登录系统，依次浏览配送中心、立体仓库、危险品仓库、平仓库等区域，认真观察和记录看到的存储区域名称和各种物流设施和设备。

任务要求：

撰写实训报告，回答如下问题：你看到了哪几种类型的仓库？这些仓库有哪些存储区？有哪些办公区？有哪些类型的存储货架？有哪些类型的搬运设备？

实训环境和实训组织

1. 实训环境

实训环境为 3D 仓储管理模拟实训系统，实训工具为 Office 软件。

2. 实训组织

步骤	方法
1	教师讲解实训的目的和要求，布置实训任务，并进行现场操作演示
2	学生每人一机进行上机操作，按照实训步骤提示进行练习
3	学生撰写实训报告

实训步骤提示

总经理是整个企业的最高决策人，学生扮演总经理的角色可以在总经理办公室、办公大厅、大城市、配送中心、工厂自由走动视察。操作步骤如下。

步骤一：以总经理角色登录系统

输入账号：admin（或学号）；输入密码为空（鼠标单击一下密码栏）；登录系统。

步骤二：使用键盘

控制人物前进的方向可以用方向键“”，也可能用“WASD”键控制。人物上下车按“Ctrl+F”组合键。人物隐藏按“Ctrl+Z”组合键。重新启动后台数据应用程序按“M”键。

步骤三：控制角色浏览企业各个场景

（1）进入写字楼总经理办公室，浏览公司所有报表。

（2）使用键盘控制角色浏览办公大厅、城市街道、配送中心、工厂，注意观察有哪些物流节点。

（3）使用键盘控制角色进入配送中心仓库，分别浏览电子标签存储区、托盘存储区、立体仓库区、阁楼货架区、轻型货架区、RFID（射频识别，俗称电子标签）存储区，记录看到的区域、货架类型以及装卸搬运设备。

步骤四：查阅资料标注区域

写出电子标签存储区、托盘存储区、立体仓库区、阁楼货架区、轻型货架区、RFID存储区各自有什么特点，适合存放什么样的商品。

步骤五：撰写实训报告，回答任务单中的问题

相关知识点

1. 仓库的类型

仓库的类型可按保管条件的不同、货物存放形态的不同进行划分，如图1-1-1所示。

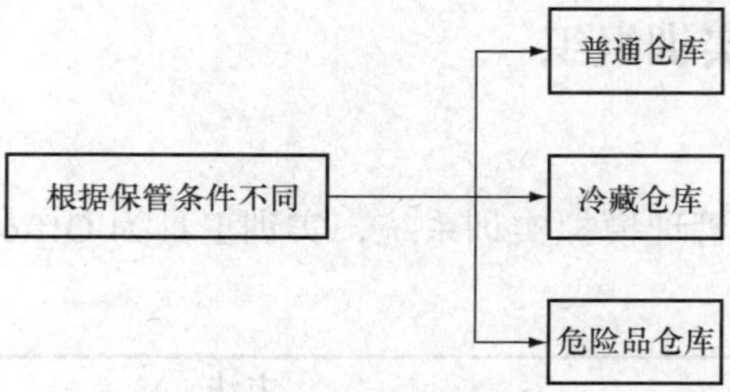

图1-1-1（a）　仓库类型

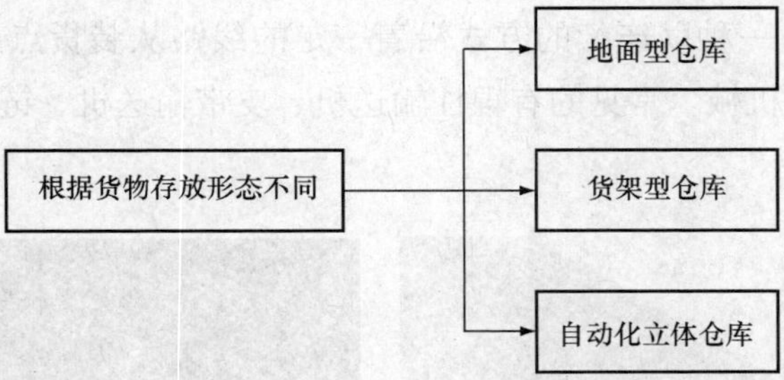

图 1-1-1（b） 仓库类型

2. 库内存储设备

库内存储设备主要有货架和托盘，如表 1-1-1 所示。

表 1–1–1 货架和托盘常见类型

货架类型	托盘类型
层架、托盘货架、驶入式货架、悬臂式货架、电子标签货架、移动式货架、阁楼式货架等	（1）按结构不同有：平托盘、箱式托盘、柱式托盘、轮式托盘。 （2）按材质不同有：木托盘、钢托盘、塑料托盘、纸质托盘、铝托盘、胶合板托盘及复合材料托盘等。 （3）按适用性不同有：通用托盘、专用托盘

3. 库内搬运设备

仓库常见的搬运设备有：电动叉车、内燃叉车、手动液压托盘搬运车、连续输送机械、巷道堆垛机、自动引导搬运车（AGV）等。

叉车主要配合托盘使用，如图 1-1-2 所示。

图 1-1-2 叉车配合托盘使用

连续输送机械是一种以连续的方式沿着一定的线路从装货点到卸货点均匀输送货物和成件包装货物的机械。常见的有辊柱输送机、皮带输送机、链式输送机、悬挂输送机等，如图 1-1-3 所示。

图 1-1-3　连续输送机械

巷道堆垛机在自动化体仓库中使用，用于从立体货架上存取货物，也就是把巷道口的货物放到立体货架上，或者将立体货架上的货物取下来，放到巷道口，如图 1-1-4 所示。

自动引导搬运车（AGV）有外导式和自导式两种。AGV 主要在自动化立体仓库使用，如图 1-1-5 所示。

外导式自动搬运车是在运行路线上设置导向信息媒介，如导线、色带等，由车上的导向传感器检测接收导向信息（如频率、磁场强度、光强度等），再将此信息经实时处理后用以控制车辆沿运行路线行驶。

自导式自动搬运车采用坐标定位原理，即在车上预先设定运行作业路线的坐标信息，在车辆实时运行时，实时地检测出实际的车辆位置坐标，再将两者比较和判断后控制车辆运行。

图 1-1-4　巷道堆垛机

图 1-1-5（a）　外导式自动搬运车

图 1-1-5（b）　自导式自动搬运车

考核标准

考核点	各项总分	自我评价（10%）	学生互评（30%）	教师评价（60%）	合计
出勤与工作态度	20				
能够正确使用实训环境，能独立完成老师布置的实训项目	60				
能得出正确的结论	20				
合计	100				

项目二
签署仓储服务合同

实训目的

通过本项目的实训，使学习者了解客户开发的流程和客户开发的方法，学会与客户接洽和沟通，学会制订销售计划，了解签订合同的流程，掌握规范的仓储合同的条款内容和格式，能够撰写规范的商务合同。

计划学时

本实训计划用时为 2 课时。

实训任务

任务单

甲方：新兄弟柏森公司，公司法人代表：李国华，公司地址：云南省昆明市官渡区双凤路，公司电话：0871-67185555，营业执照号：2801062075392，开户行：工商银行官渡支行，账户：6211105018302148486。

乙方：云南 XM 物流服务有限公司（该公司是一家第三方物流服务公司，公司拥有 3 万平方米的仓库，经营业务有仓储保管、流通加工、条码管理、装卸作业及国内异地和同城配送物流服务），公司法定代表人：张扬，公司地址：云南省昆明市西山区环湖东路，公司电话：0871-85324688，公司传真号码：0871-85324689，营业执照号：330502492218025，开户行：工商银行西山支行，账户：6211105018302197416。

经过甲乙双方协商，新兄弟柏森公司决定将公司生产的月饼产品、糕点产品、蜂蜜产品的仓储保管物流服务外包给云南 XM 物流服务有限公司，存期为 2014 年 7 月 1 日至 2014 年 8 月 1 日。

请完成下面的任务。

（1）作为云南 XM 物流服务有限公司销售代表，模拟制订销售计划。

（2）建立对新兄弟柏森公司的拜访资料。

（3）与同学模拟客户拜访。

（4）扮演甲乙双方，签订仓储合同。

实训环境和实训组织

1. 实训环境

实训环境为 3D 仓储管理模拟实训系统，实训工具为 Office 软件。

2. 实训组织

步骤	方法
1	教师制作 PPT，讲解销售计划制订方法、客户拜访流程和沟通技巧
2	教师制作 PPT，讲解仓储合同的格式、仓储合同应包括的内容、缮写仓储合同的注意事项以及相关的物流法规知识
3	教师演示如何以销售代表角色登录 3D 仓储管理系统模拟客户洽谈和签署仓储合同
4	教师发布任务单，要求学生按时间完成仓储合同的撰写

实训步骤提示

步骤一：以销售代表身份登录

单击“”按钮出现如图 1-2-1 所示的登录界面。

图 1-2-1 登录界面

步骤二：拟定销售计划

（1）单击“实训中心”下的“合同管理”按钮，双击“销售计划”，弹出销售工作报告窗口，如图 1-2-2 所示。

图 1-2-2 销售工作报告窗口

（2）单击“新增”按钮，输入计划编号：“实训年月+姓名首字母”，输入标题：“2014 年 6 月销售计划”，填写销售计划书，计划书主要包括 6 月计划拜访的重点客户、拜访的具体日期、拜访目标等，销售计划编写完成后，单击“存盘”按钮进行保存。

步骤三：建立客户档案

（1）单击“实训中心”下的“合同管理”按钮，双击“客户拜访调查表与资料的建立”，弹出窗口如图 1-2-3 所示。

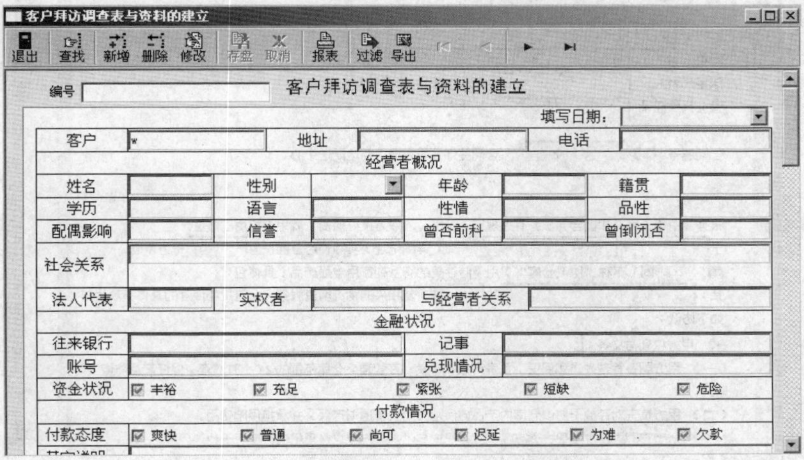

图 1-2-3 客户拜访调查表与资料的建立窗口

（2）单击“新增”按钮，依次输入客户资料，然后单击“存盘”按钮保存。

步骤四：签订仓储合同

（1）以销售代表角色登录，单击“实训中心→1 合同管理”，双击“1 销售合同”，弹出合同管理窗口如图 1-2-4 所示。

（2）单击“新增”按钮，输入合同相关内容，填写完整后，单击“存盘”按钮保存。

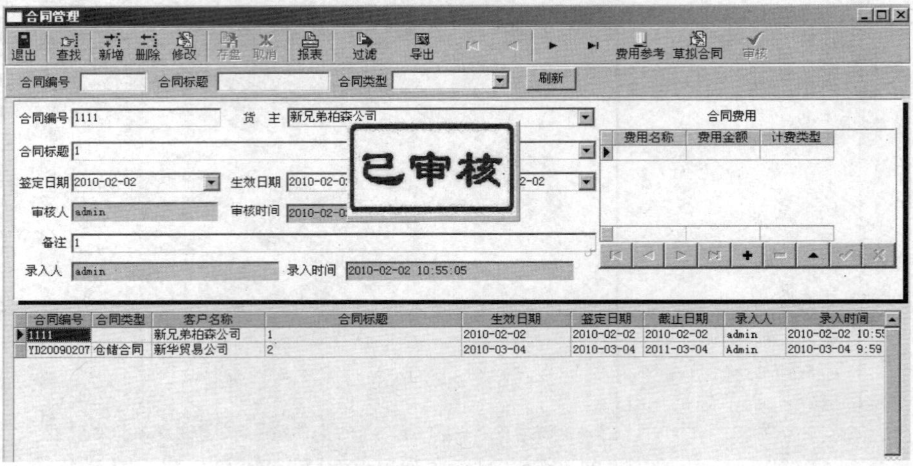

图 1-2-4　合同管理窗口

（3）单击窗口右上角的“草拟合同”按钮，弹出窗口如图 1-2-5 所示。

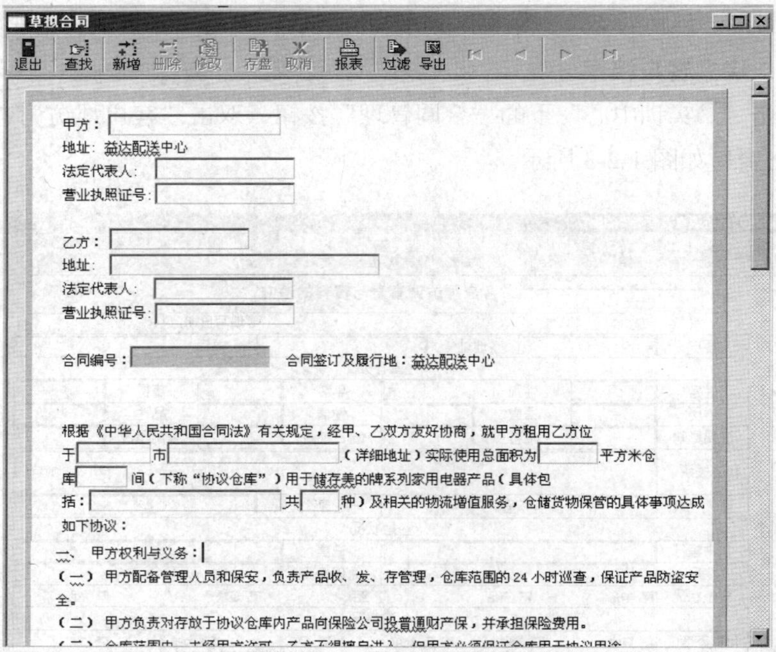

图 1-2-5　草拟合同

（4）单击“新增”按钮，根据任务单中的信息填写合同文本。

填写说明：甲方是指使用仓储服务的一方，即新兄弟柏森公司，乙方是提供仓储服务的一方，即云南 XM 物流服务有限公司。日期为具体签订合同的日期，填写实训当天的日期即可。合同编号在单击“新增”弹出草拟合同表体的时候自动生成，无需填写，但要记住自己的合同编号，以便以后查找。货主由菜单栏选择即可，如菜单栏中没有，则在基础资料中添加货主信息。合同标题用学生自己的名字命名，以便于区分查找。合同类型为仓储合同，签订日期、生效日期均为实训当天日期。

（5）合同文本内容填写好后单击“存盘”按钮保存，单击“☒”按钮关闭草拟合同窗口及合同管理窗口，系统弹出消息窗口，提示如图 1-2-6 所示。

图 1-2-6　消息窗口

（6）单击“确定”按钮关闭提示内容，观察系统自动播放的与客户签订合同动画。

（7）待动画播放完毕后，系统弹出草拟合同窗口，单击“▣”按钮，填写完整甲方、乙方、授权代表和日期后单击“存盘”按钮保存，系统弹出信息提示合同签署完成。

步骤五：合同审核

销售代表与客户签订合同后，合同经审核才生效。

（1）以销售经理身份登录，单击“▣”按钮回到工作岗位。

（2）单击“实训中心”下的“合同管理”按钮，单击“1 合同审核”按钮，打开“合同管理”窗口，如图 1-2-7 所示。

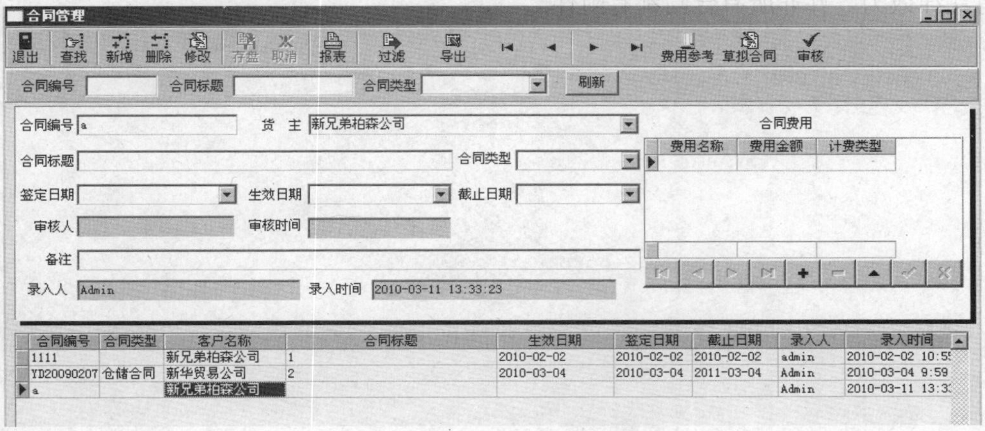

图 1-2-7　合同管理

根据合同编号找到自己拟定的合同，仔细阅读合同甲乙方信息、存储货物的信息、存期以及费用等有关信息，无误后，单击“审核”按钮，单击“是”按钮，完成审核。

相关知识点

一份合同通常由首部、正文、尾部这三部分组成，有的合同还包括附件。

合同的首部主要由合同名称、当事人身份栏、合同描述这三部分组成。身份栏信息包括合同当事人及其在合同中的身份地位信息，如“甲方：××××有限公司”、“出卖人：××××有限公司（甲方）”等。合同描述一般为“甲乙双方根据××××法有关规定，签订合同如下”等。在仓储合同中，甲方通常是指使用仓储服务购的一方，乙方是指提供仓储服务的一方。

合同正文包括从第一个合同条款到最后一个合同条款的所有内容，一般以有规律的序号加以编排、连接。

合同尾部主要是合同的签署栏。简单的签署栏只有当事人及签署时间，复杂的签署栏有当事人名称及地址、开户银行及账号、签订地点、签订时间、授权代表、电话号码、电报挂号、电子信箱等。如有合同附件，则包括附件的名称及份数等。

需要注意的是：作为当事人，要高度重视签署栏的作用。签署栏中的内容代表了经过双方当事人确认的通信地址、付款账号等信息，这些信息一旦在合同履行中发生非正常现象时，其通信地址是履行通知或告知义务的标准途径、其账号是履行付款义务的标准途径。具有通知或付款义务的当事人只要按签署栏的地址或账号履行，即使对方没有收到，责任也在对方。

合同附件主要是用于说明当事人主体资格或标准物的细节等议题，这些议题与合同条款不属同一层面，但往往又是合同条款所必不可少的前提条件或具体标准，因此只能以附件的形式而不是以合同条款的形式出现。合同附件是合同的共同组织部分，同样具有法律效力。并非所有合同都有附件。

考核标准

考核点	各项总分	自我评价（10%）	学生互评（30%）	教师评价（60%）	合计
出勤与工作态度	20				
能够按流程在规定的时间内独立完成老师布置的实训项目	50				
销售计划制订情况如何，与客户沟通情况如何，仓储合同填写是否符合规范，语言表达是否清晰、准确	30				
合计	100				

项目三 托盘货架区收货管理

实训目的

通过配送中心托盘货架区的收货模拟训练，使学习者了解托盘区的存储方式、搬运设备和存储货架；通过观看入库作业动画，使学习者了解入库的作业流程，并掌握相关岗位的操作技能。

计划学时

本实训计划用时为 1 课时。

实训任务

任务一：经销商王健（电话：13502035496）因业务需要从新兄弟伯森公司（联系人刘沙岛，电话：87771223）采购一批烘手机，共 50 箱。货物以托盘运输方式运送到第三方物流公司仓库存储，货物存期 27 天。货物到达后，经验收发现 2 箱货物的外包装破损。请将其存放到配送中心托盘货架区存储。

任务二：广州利醇化学品有限公司（联系人：蒋萍，电话：13012122033）发来丁二醇 200kg，需要放到托盘货架区存放，存期 20 天。该批货物的收货人为海南金威公司（联系人：廖晖，电话：13010523237），地址为海口市虹桥路 18 号。货物的接运方式为送货上门。经验收该批货物完好，可以全部放到托盘货架区存储。

任务要求：

（1）模拟客服文员受理业务，填写收货订单，制作入仓通知单。

（2）模拟收货员上门接货，核对货物信息，将上述任务中的货物存放到托盘存货区。

（3）观看入库动画，记录入库过程。

（4）画出托盘货架区入库流程，写出使用了什么样的搬运设备和货架，回答什么是托盘货架存储以及它适合什么场合使用。

实训环境和实训组织

1. 实训环境

实训环境为 3D 仓储管理模拟实训系统，实训工具为 Office 软件。

2. 实训组织

步骤	方法
1	教师制作 PPT，讲解 3D 仓储模拟系统的仓库库区结构和托盘货架知识
2	教师讲解入库作业流程以及业务受理、货物接运方式、货物验收核对、货位分配、入库搬运、上架各环节的作业要求和注意事项
2	教师演示如何以客服文员身份受理仓储业务，填写收货订单，制作入仓通知单，接货员如何上门接货或者在库接货，如何核对货物信息，演示入库过程
3	教师发布任务单，要求学生按时间完成入库作业操作
4	教师对学生进行测试，记录所用时间，考察学生是否正确完成操作流程

实训步骤提示

步骤一：模拟客服文员，受理业务，填写收货单

（1）以客服文员角色登录，单击回到工作岗位图标“ ”，出现如图 1-3-1 所示的登录画面。

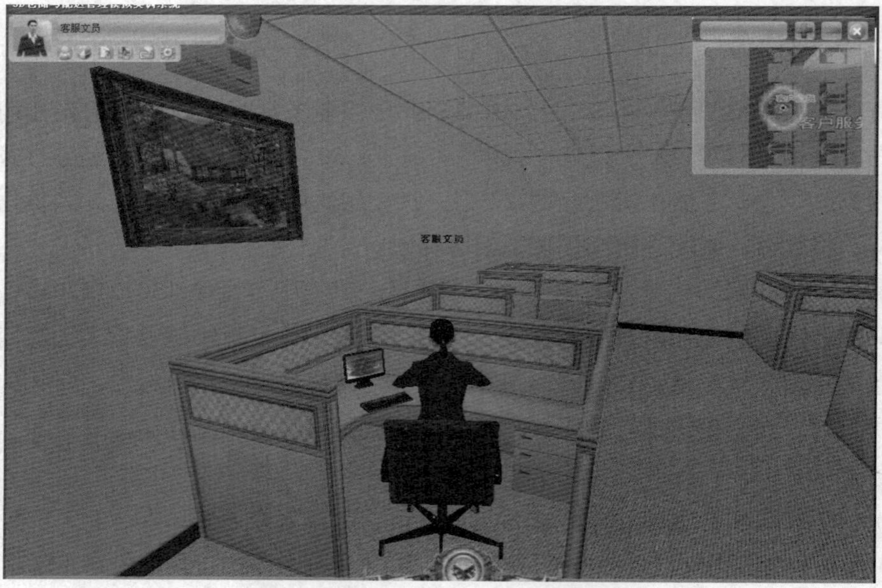

图 1-3-1　客服文员角色登录

（2）选择“实训中心”，选择“订单管理”，单击“收货订单”按钮，弹出货物收货订单作业框，如图 1-3-2 所示。

（3）根据任务单中的信息，从货主下拉框中选择相应货主，单击“刷新”按钮，单击“新增”按钮，创建一个收货订单。收货订单号用“自己的学号+阿拉伯数字”，填写收货单表头相关信息。

单击界面下半框中的“ ”按钮，填写待收货物的具体信息，包括货物名称和数量。货物名称可在下拉菜单中进行选择，或者直接输入货物代码查找，按回车键确定。选择了货物后，相应的货物代码和货物名称以及单位等信息会自动生成。

（4）整个表体内容填写完整后，单击“存盘”按钮，提示保存数据完毕，单击“确定”按钮，收货单完成。

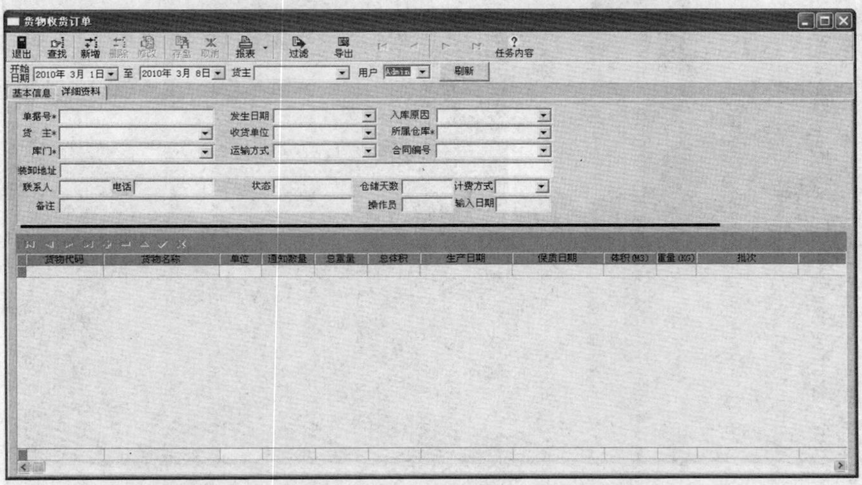

图 1-3-2　货物收货订单作业

步骤二：模拟收货员收货

（1）以收货员角色登录，出现如图 1-3-3 所示界面。

图 1-3-3　收货员角色登录

（2）选择“实训中心”，选择“收货订单”，出现选择界面，选择自己建立的收货单号，单击“确定”按钮，弹出收货单据，查看收货单据信息，确认无误后，关闭窗口，根据系统提示的收货方式进行收货。

（3）任务一中为送货上门，这时系统会提示在指定库门接货。收货员在指定库门等待运货车到达，如图 1-3-4 所示。

图 1-3-4 等待运货车到达

（4）送货车到了以后，系统会弹出消息窗口提示送货车到达，单击消息窗口中的“确定”按钮。

（5）选择“实训中心”，单击选择“1 收货管理”，再单击选择“2 收货单填写”，单击消息窗口的“确定”按钮，弹出收货管理窗口，如图 1-3-5 所示。

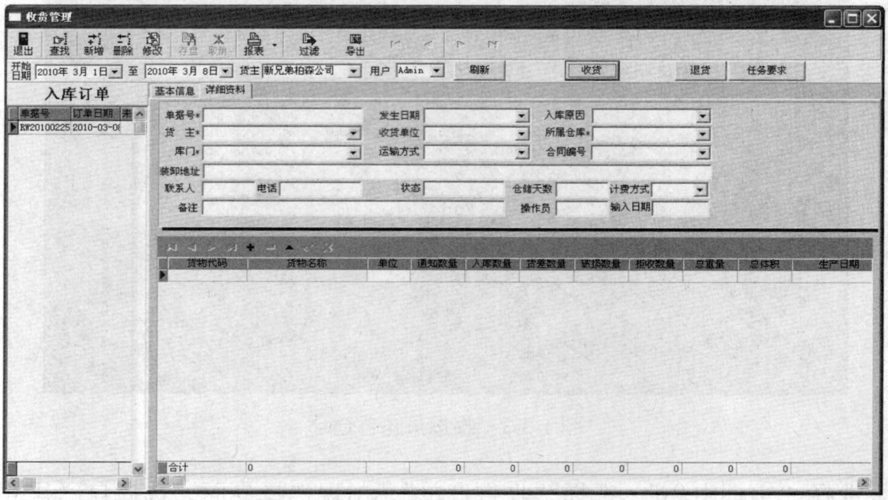

图 1-3-5 收货管理窗口

（6）单击收货窗口中的“收货”按钮，核对收货信息无误后单击“确定”按钮。

（7）收货员根据消息框提示单击“卸货”按钮，出现如图 1-3-6 所示画面。

图 1-3-6　卸货

步骤三：模拟验货员验货

（1）验货员登录，如图 1-3-7 所示。单击“实训中心”→“验货单”→选择刚才收货的单据号。

（2）根据验货单到指定库门进行验收工作（单击“ ”验货按钮），填写验收报告（当货物发生短缺、破损时，验货员应填写事故记录）。

图 1-3-7　验货员登录

（3）验货完成后，无论是否有货损货差的情况，都要单击实训中心来打开验货单查询修改，再返回 3D 界面以确保将单据流转到下一角色。当系统出现如图 1-3-8 所示的窗口时，表示验货完成，单据已经流转到下一角色。

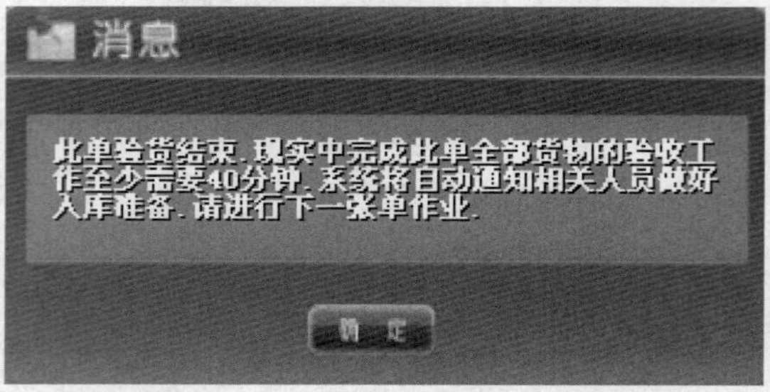

图 1-3-8　消息框

步骤四：模拟仓管员进行库位分配

（1）以仓管员角色登录，单击“实训中心”→“仓位分配”，双击刚才验货的单据号。

（2）先单击“修改”按钮，再选托盘高架区，选择库区后单击“分配”按钮，系统将自动把货物存放区分配在托盘货架区，然后录入货架的具体库位，如图 1-3-9 所示。

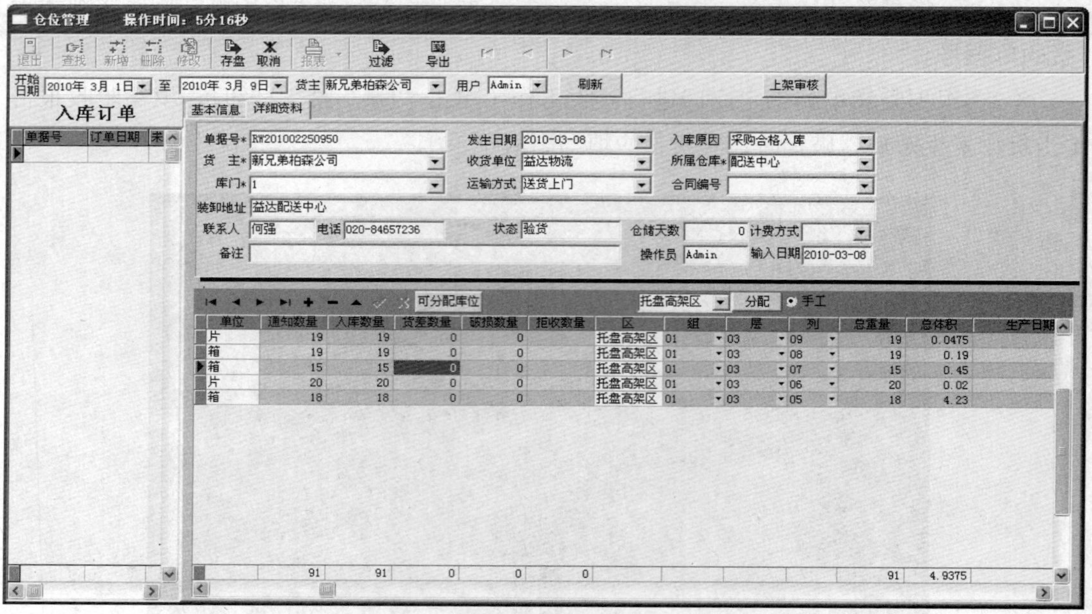

图 1-3-9　储位分配

（3）库位分配完毕后，单击“存盘”按钮保存，再单击“上架审核”按钮进行审核。如果该库位超出承载量，则审核不通过。可以单击“可分配库位”按钮，查看库区的承载量。如果总重量和总体积不超出库位的承载量，审核通过，系统会弹出如图 1-3-10 的提示框。

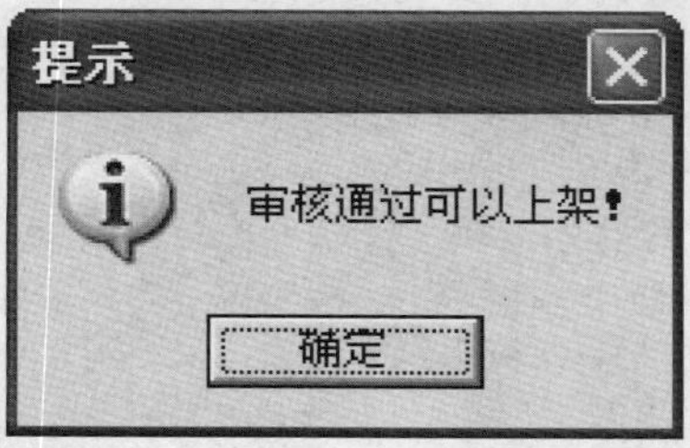

图 1-3-10　审核通过消息框

单击“确定”按钮，系统会提示“分配货架位完成，可以进行上架”，如图 1-3-11 所示，表示货物已分配仓位及货架了，可以将货物上架了。

图 1-3-11　货物可上架提示画面

步骤五：模拟上架员将货物上架

（1）以上架员角色登录，单击“实训中心”→“上架单”，双击刚才验货的单据号。

（2）选择上架单据号，系统将打印货物上架清单，退出货物清单，提示取货库门。

（3）移动角色到仓储设备存取区，单击取车“”按钮，取叉车到相应的库门取货。

（4）取车后，将车开到系统所提示的库门，单击“取货”按钮取货，如图 1-3-12 所示。

（5）根据系统提示货架的位置，把货物放到对应的货架上，系统提示上架完成。

图 1-3-12　取货

相关知识点

1. 入库作业流程

仓库入库作业流程为：客服文员通过电话、电子邮件或信息系统接收客户的入库通知；仓库接到入库通知之后，根据入库通知单上货物的信息，做入库准备，安排货物接运；接到货物之后，对货物进行入库前的验收；验收完毕后，合格的货物入库上架，同时办理入库手续，不合格的货物剔除，另行处理。如图 1-3-13 所示。

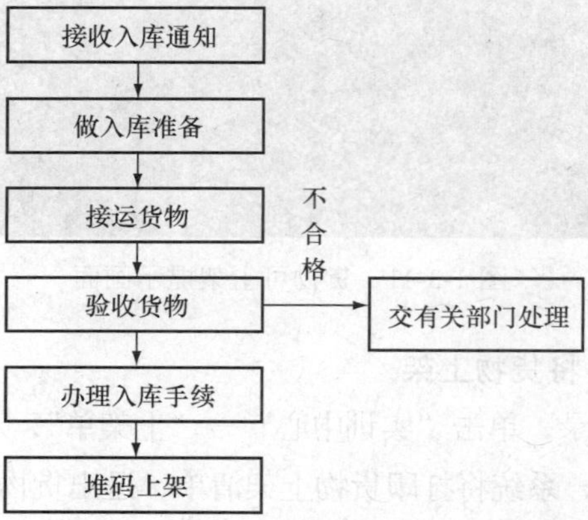

图 1-3-13　入库作业流程

2. 入库准备的内容

接到入库通知之后，仓库管理人员要了解以下信息：货物到达的时间、货物的特性、对保管条件的要求、货物的包装形态、需要使用什么样的装卸搬运工具等。

入库准备工作包括如下具体内容：

（1）安排接货、验收和入库操作人员；

（2）准备所需的装卸搬运、验收作业设备、工具；

（3）准备入库文件和单证；

（4）安排存放区域，分配库位；

（5）准备苫垫材料和作业用具。

3. 接运货物

接运是指接到商品入库通知单后，进行接运提货的工作过程。

货物接运大致有以下 4 种方式：

（1）到车站、码头提货；

（2）到货主单位提货（上门提货）；

（3）托运单位送货到库接货（库内接货）；

（4）铁路专用线接货。

货物接运的注意事项如下：

（1）要事先了解待接运商品的属性；

（2）接运时根据运单等资料核对品名、规格和数量；

（3）查看运输商品的车皮、商品外包装和封印是否完好，发现问题要当场记录并签字确认；

（4）轻装轻卸，避免运输途中损坏商品；

（5）货物到库后，提货员与保管员配合进行入库检验，尽量做到提货、运输、验收、堆码一条龙，缩短入库时间。

4. 验收货物

入库作业常见的问题有：数量不符、质量问题以及单货不符或单证不全。为了及时发现上述问题，避免仓库蒙受损失，必须要进行入库验收。入库验收一般为数量检验、外包装检验和质量检验。检验方式分为全验和抽验两种。

全验就是 100%的货品参加检验。数量检验和外观检验一般采用全验。

全验需要大量的时间、人力和物力。对于批量大、价值低，或者质量稳定、规格整齐、供货商信誉较好的货物，或者验收条件有限时，可采用抽验的方式。采用抽验的方式验收时，要事先确定一个合理的验收比率。

5. 办理入库手续

在完成入库货物检验之后，应立即办理货物入库手续，以便及时入库。 入库手续包括交接、登账、立卡、建档，作为仓库管理人员，应掌握办理入库手续的方法。

入库交接是指仓库对收到的货物向送货人进行确认，表示仓库已接收货物。在办理交接时，要求做到单单相符、单货相符。

登账是指将入库物品登入仓储明细账。仓储明细账反映了物品入库、出库、结存的详细信息，记录库存物品的动态变化和出入库的过程。

立卡是指在货物入库或上架后，将货物名称、规格、数量、出入库动态信息等内容填在料卡上。料卡也称为货卡、货牌，一般悬挂在货架物品下方的横梁上，或黏贴在托盘边框，或摆放在货垛正面明显的位置。

建档是将物品接收作业全过程的有关资料证件进行整理、核对存档。

6. 堆码上架

（1）物品在库内的存放方式有散堆法、货架法、成组堆码、垛堆法。

散堆法适用于露天存放的没有包装的大宗货物、库内少量存放的谷物、碎料等散装货物，如图 1-3-14 所示。

图 1-3-14　散堆法

货架法是将物品直接堆码在通用或专用的货架上存放。这种方法适用于不宜堆高、包装脆弱、价值高、经常点数的小件商品，如小百货、小五金、医药品等，如图 1-3-15 所示。

成组堆码是指使用托盘、集装箱、吸塑等将货物组成一个堆存单元，从而可以使用机械进行成组装卸、搬运、堆码。这种堆码方法适合于单件不宜采用机械装卸的货物，或者使用托盘、集装箱成组运输的货物，如图 1-3-16 所示。

垛堆方式是直接对单件物品进行堆码。垛堆方式可以增加货垛高度，提高存储空间利用率，可根据物品的形状、特性以及场地情况，堆成各种形式的货垛，如图 1-3-17 所示。

图 1-3-15　货架法

图 1-3-16　成组堆码

图 1-3-17　垛堆法

（2）储位的使用：储货区一般采用分区分类存储的原则，也就是将储货区按某种规则划分为若干子区域，分别存放不同类别的货物。分区、分类存放的原则具体如下。

① 存放在同一货区的物品必须具有互容性；

② 保管条件不同的物品不应混存；

③ 作业手段不同的物品不应混存；

④ 灭火措施不同的物品不能混存。

（3）托盘货架区：托盘货架是连同托盘可以一起放置的货架或带有托盘的台板式货架。托盘货架区的特点是出入库和库内存放均以标准托盘为单位，但每托盘货物可以拼放。使用托盘货架存储货物，出入库作业可以使用动力叉车进行装卸和搬运，作业效率相对较高，单位作业成本低。在 3D 仓储模拟系统中，托盘货架区高 6m，共 20 组，有 1.5m × 1.5m × 2m 标准库位 480 个。

考核标准

考核点	各项总分	自我评价（10%）	学生互评（30%）	教师评价（60%）	合计
出勤与工作态度	20				
能够按流程在规定的时间内独立完成老师布置的实训项目	30				
实训报告质量（检查以下质量点）： （1）是否能正确描述出托盘货架区的入库流程、使用的存储和装卸设备特点；（2）语言是否流畅；（3）文字表达是否清晰、准确	50				
合计	100				

项目四
电子标签区收货管理

实训目的

通过配送中心电子标签区的收货模拟训练，使学习者对电子标签货架有初步的认知和了解。通过观看入库作业动画，使学习者了解电子标签货架区入库的作业流程，同时掌握相关岗位的操作技能。

计划学时

本实训计划用时为 2 课时。

实训任务

任务单

任务一：上海农心广州分公司（联系人：崔健爽，电话：021-85991324）发来货物香菇牛肉面 100 箱，存期 7 天，收货单位为深圳沃尔玛珠江百货（联系人：邝女士，电话：13602023716），地址为深圳市蛇口区 300 号。请将其存放到配送中心电子标签区，自行选择货位。

任务二：广州世佳电器有限公司发来货物 D&L 视听光盘 3 箱，请将其存放到配送中心电子标签区 5 组 1 位。收货单位为广州莱姆森公司，联系人：杨影，电话：020-8326636。

任务三：广州世佳电器有限公司发来货物耳机 5 箱，请将其存放到配送中心电子标签区 10 组 2 位。收货单位为广州莱姆森公司，联系人：杨影，电话：020-8326636。

任务要求：

（1）模拟客服文员受理业务，填写收货订单，制作入仓通知单。

（2）模拟收货员上门接货，核对货物信息，将上述任务中的货物存放到电子标签区。

（3）观看入库动画，记录入库过程。

（4）画出电子标签区入库流程，写出使用了什么搬运设备和货架，回答什么是电子标签货架，该货架适合存放什么商品，以及为什么电子标签区入库上架要使用手动液压托盘搬运车，而不是电动叉车。

实训环境和实训组织

1. 实训环境

实训环境为 3D 仓储管理模拟实训系统，实训工具为 Office 软件。

2. 实训组织

步骤	方法
1	教师制作 PPT，讲解电子标签货架的基本原理，可以通过视频演示电子标签货架的操作
2	教师讲解入库作业流程
3	教师演示如何以客服文员身份受理仓储业务、填写收货订单、制作入仓通知单，接货员如何上门接货或者在库接货，如何核对货物信息，演示入库过程。
4	教师发布任务单，要求学生按时间完成入库作业操作
5	教师对学生进行测试，记录所用时间以及是否正确完成操作流程

实训步骤提示

步骤一：模拟客服文员，受理业务，填写收货单

（1）以客服文员角色登录，单击回到工作岗位图标“ ”。

（2）选择“实训中心”→“1 订单管理”→“2 收货订单”，弹出货物收货订单作业框如图 1-4-1 所示。

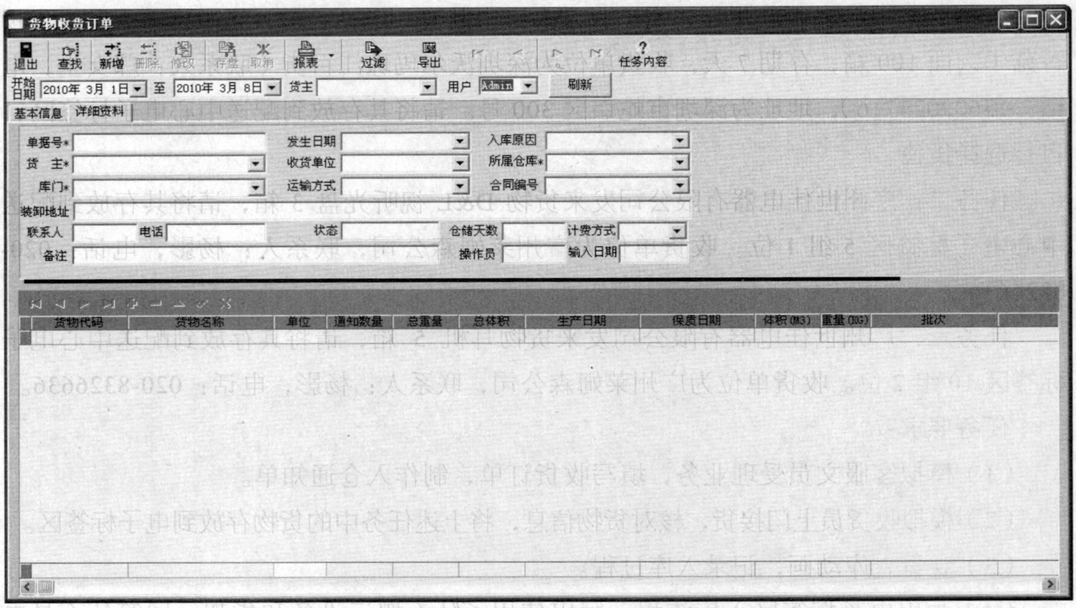

图 1-4-1 收货订单作业框

（3）根据任务背景中的信息，从货主下拉框中选择相应货主，单击“刷新”按钮，单击“新增”按钮，创建一个收货订单，收货订单号用“自己的学号+阿拉伯数字”，填写收货单表头相关信息。

单击界面下框中的“✚”按钮，填写待收货物的具体信息，包括货物名称和数量。货物名称可在下拉菜单中进行选择，或者直接输入货物代码查找，按回车键确定。选择了货物后，相应的货物代码、货物名称以及单位等信息会自动生成。

（4）整个表体内容填写完整后，单击“存盘”按钮，提示保存数据完毕，单击“确定”按钮，收货单完成。

步骤二：模拟收货员收货

（1）以收货员角色登录。

（2）单击“实训中心”，双击选择“1 收货单”，出现选择界面，选择自己建立的收货单号，单击“确定”按钮，弹出收货单据，查看收货单据信息，确认无误后，关闭窗口，根据系统提示收货方式收货。

（3）任务背景中为送货上门，这时系统会提示在指定库门接货。收货员在指定库门等待运货车到达。

（4）送货车抵达以后，系统会弹出消息窗口提示送货车到达，单击消息窗口中的“确定”按钮。

（5）选择“实训中心”→“1 收货管理”→“2 收货单填写”，单击消息窗口的“确定”按钮，弹出收货管理窗口，如图 1-4-2 所示。

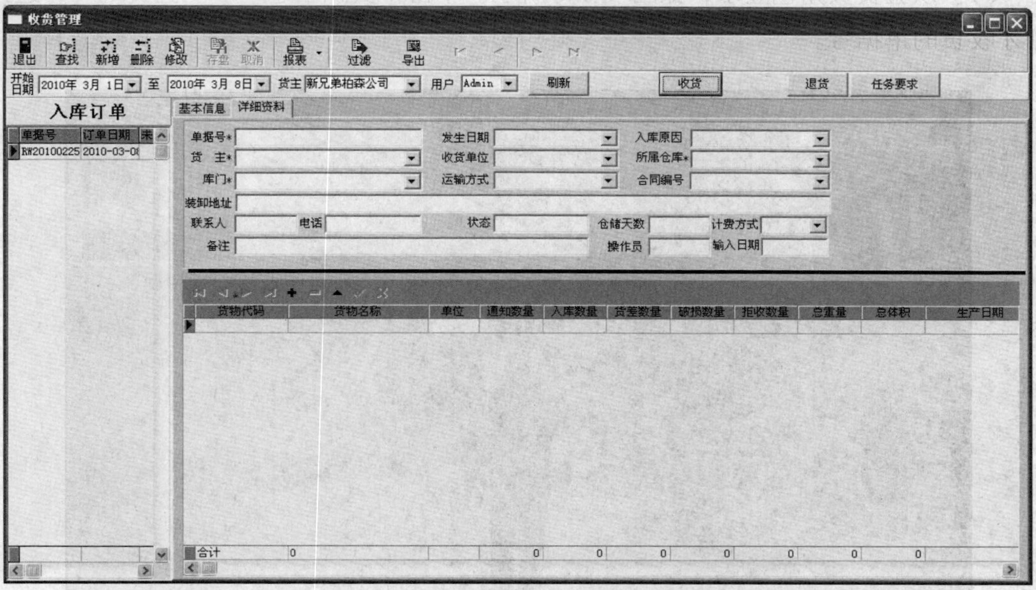

图 1-4-2　收货管理窗口

（6）单击收货管理窗口中的“收货”按钮，核对收货信息，确认无误后单击“确定”按钮。

（7）收货员根据消息框提示单击“卸货”按钮，出现如图 1-4-3 所示界面。

图 1-4-3　卸货员卸货

步骤三：模拟验货员验货

（1）以验货员角色登录，如图 1-4-4 所示。单击“实训中心”→“验货单”→选择刚才收货的单据号。

图 1-4-4　验货员角色登录

（2）根据验货单到指定库门进行验收工作，单击验货图标“ ”进行验货。

（3）单击进入“实训中心”菜单下的“功能管理”，双击“2 验货单查询修改”，弹出“验货管理”窗口，单击“修改”按钮，在弹出的“填写货损货差数量”窗口中填写货差数量和破损数量，之后单击“存盘”按钮保存。此时系统提示：“验货完成”。

步骤四：模拟仓管员进行库位分配

（1）以仓管员角色登录，单击“实训中心”→“仓位分配”，双击刚才验货的单据号，弹出“仓位管理”窗口。

（2）先单击“修改”按钮，再选择“电子标签区”，之后单击“分配”按钮，系统将自动把货物存放区分配在电子标签区，选择“组 层 列”，为货物指派货位。

（3）库位分配完毕后，单击“存盘”按钮保存，再单击“上架审核“按钮进行审核，如果该库位超出承载量，则审核不通过。可以单击“可分配库位”按钮查看库区的承载量。

如果总重量和总体积不超出库位的承载量，系统会提示审核通过。单击“确定”按钮，系统会提示“分配货架位完成，可以进行上架”，如图 1-4-5 所示，表示货物已分配仓位及货架，可以将货物上架。

图 1-4-5　上架提示消息框

步骤五：模拟上架员将货物上架

（1）以上架员角色登录，单击“实训中心”→“上架单”，双击刚才验货的单据号。

（2）选择上架单据号，系统将打印货物上架清单，退出货物清单，提示取货库门。

（3）移动角色到仓储设备存取区，单击取车“ ”按钮，取手推车到相应的库门取货。

（4）取车后，将车开到系统所提示的库门，单击“取货”按钮取货。

（5）根据系统提示货架的位置，把货物推到指定货架库位旁。

（6）单击“ ”按钮下车，单击“ ”按钮拿货。

（7）走到指定库位旁，系统提示“请在此上架”。

（8）确定后单击放货按钮，系统提示上架完成，如图 1-4-6 所示。

图 1-4-6 入库上架

相关知识点

电子标签货架是指在货架上安装有数码指示灯，该指示灯通过信号线与计算机相连，可以受计算机控制显示要拣货物的位置和数量信息，因而称为电子标签货架。电子标签货架每层的前后横梁之间的链条呈“前低后高”状，形成一定坡度，适合存放纸箱包装或塑料周转箱盛装的小件物料。物品包装单元可以利用其自身重量重由货架后方向前方移动，可以实现货物先进先出。电子标签货架每层载重量通常在 1 000kg 以内，货架高度在 2.5m 以内，一般用在人工存取的仓库，货物由小车进行运送。电子标签货架如图 1-4-7 所示。

图 1-4-7 电子标签货架

考核标准

考核点	各项总分	自我评价（10%）	学生互评（30%）	教师评价（60%）	合计
出勤与工作态度	20				
能够按流程在规定的时间内独立完成老师布置的实训项目	50				
实训报告质量（检查以下质量点）： （1）是否能正确描述出电子标签货架区的入库流程及使用的存储和装卸设备特点； （2）语言是否流畅； （3）文字表达是否清晰、准确	30				
合计	100				

项目五

自动化立体仓库区收货管理

实训目的

通过本项目的实训，使学习者对自动化立体仓库区建立感性认识，掌握自动化立体仓库区的入库流程和使用的搬运、输配设备，并且了解货物是如何放到立体货架上的，对巷道堆垛机建立感性认识，了解货物放入自动化立体仓库区的原因。

计划学时

本实训计划用时为 2 课时。

实训任务

任务单

莲花超市（联系人：黄先生，电话：13602028593）自上海农心广州分公司（联系人：崔健爽，电话：021-85991324）采购了一批冷冻武昌鱼，共计 60 箱，存放在自动化立体仓库，存期 30 天，提货方式为上门自提，请将这批货物放到自动化立体仓库区。

任务要求：

（1）模拟客服文员受理入库业务，根据入库通知缮制入库单，模拟收货员进行收货、卸货作业，模拟验货员核对货物信息资料、验收货物，模拟仓管员完成库位分配和上架审核，模拟上架员完成货物货物上架。

（2）认真观看入库动画，记录自动化立体仓库的入库流程，思考货物存放在自动化立体仓库的原因。

（3）撰写实训报告，画出自动化立体仓库的入库过程，描述所使用的设备及其特点。

实训环境和实训组织

1. 实训环境

实训环境为 3D 仓储管理模拟实训系统，实训工具为 Office 软件。

2. 实训组织

步骤	方法
1	教师制作 PPT，讲解自动化立体仓库的构成、特点、适用场合，以及 3D 仓储模拟系统中自动化立体仓库的库位结构
2	教师演示如何完成自动化立体仓库的入库作业
3	教师发布任务单，要求学生按时间完成入库模拟操作
4	教师对学生进行测试，记录所用时间及是否正确完成操作流程

实训步骤提示

步骤一：模拟客服文员，受理业务，填写收货单

（1）以客服文员角色登录，单击回到工作岗位图标“ ”。

（2）单击进入“实训中心”→“1 订单管理”→“2 收货订单”，弹出货物收货订单作业框如图 1-5-1 所示。

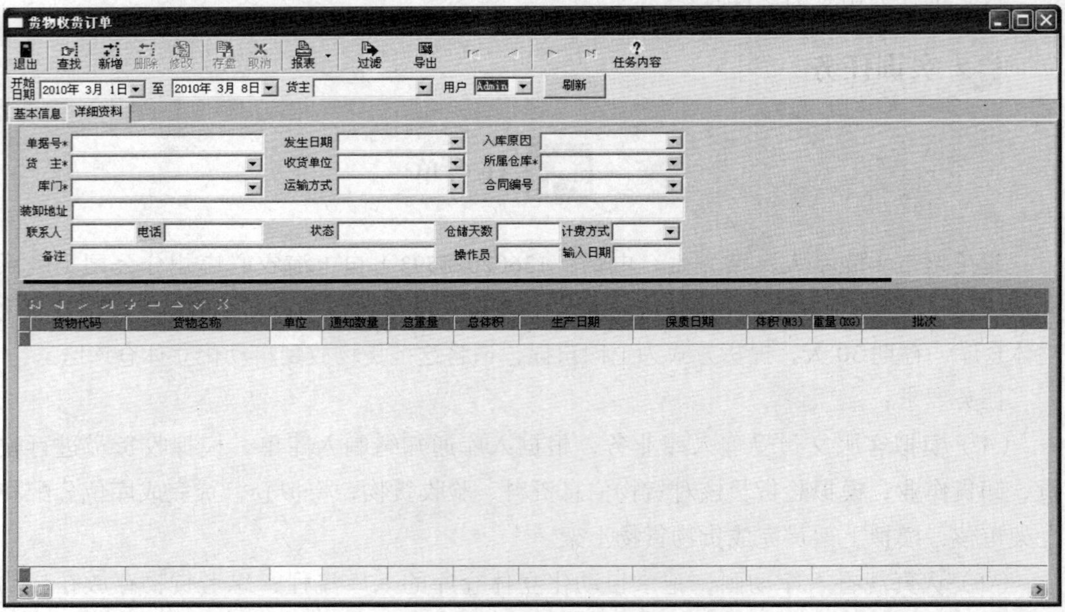

图 1-5-1　收货订单

（3）根据任务背景中的信息，从货主下拉框中选择相应货主，再单击“刷新”按钮，单击“新增”按钮，创建一个收货订单，收货订单号用“自己的学号+阿拉伯数字”，填写收货单表头相关信息。

单击界面下框中的“+”按钮，填写待收货物的具体信息，包括货物名称和数量。货物名称可在下拉菜单中进行选择，或者直接输入货物代码查找，再按回车键确定。选择了货物后，相应的货物代码、货物名称以及单位等信息会自动生成。

（4）整个表体内容填写完整后，单击“存盘”按钮，提示保存数据完毕，单击“确定”按钮，收货单完成。

步骤二：模拟收货员收货

（1）以收货员角色登录。

（2）单击“实训中心”，双击选择“1 收货单”，出现选择界面，选择自己建立的收货单号，单击“确定”按钮，弹出收货单据，查看收货单据信息，确认无误后，关闭窗口，根据系统提示收货方式收货。

（3）任务背景中为送货上门，这时系统会提示在指定库门接货。收货员在指定库门等待运货车到达。

（4）送货车抵达后，系统会弹出消息窗口提示送货车到达，单击消息窗口中的“确定”按钮。

（5）选择“实训中心”→“1 收货管理”→“收货单填写”，单击消息口的“确定”按钮，弹出收货管理窗口，如图 1-5-2 所示。

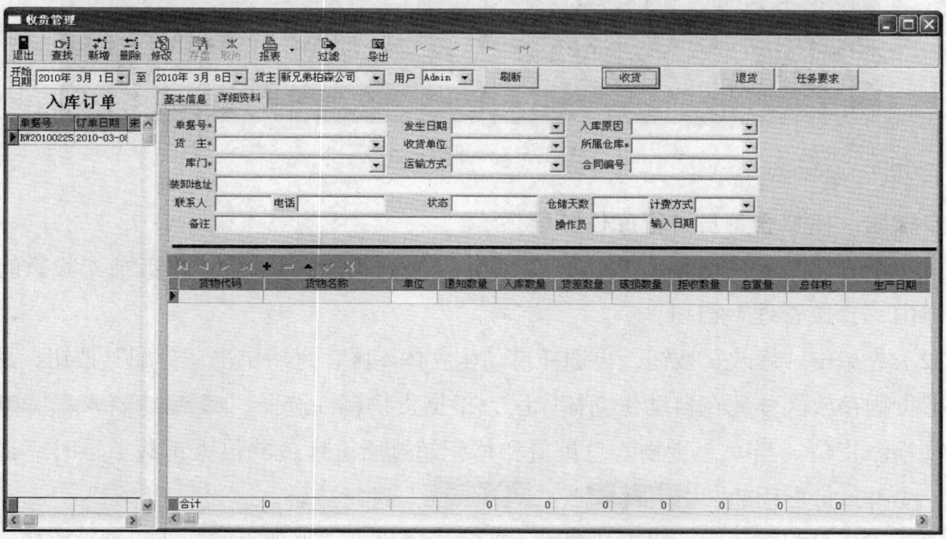

图 1-5-2　收货管理

（6）单击收货窗口中的“收货”按钮，核对收货信息，确认无误后单击“确定”按钮。

（7）收货员根据消息框的提示单击“卸货”按钮，出现“看到卸货员卸货”的窗口。

步骤三：模拟验货员验货

（1）以验货员角色登录，单击“实训中心”→“验货单”→选择刚才收货的单据号。

（2）根据验货单到指定库门进行验收工作，单击验货图标“”进行验货。

（3）单击进入“实训中心”菜单→单击选择“1 功能管理”，双击“2 验货单查询修改，弹出“验货管理”窗口，单击“修改”按钮后，在弹出的“填写货损货差数量”窗口中填写货差数量和破损数量，之后单击“存盘”按钮。系统会提示“验货完成”。如图 1-5-3 所示。

图 1-5-3　卸货员卸货

步骤四：模拟仓管员进行库位分配

（1）以仓管员角色登录，单击“实训中心”→“仓位分配”，双击刚才验货的单据号，弹出“仓位管理”窗口。

（2）先单击“修改”按钮，再选择自动化立体库区，之后单击“分配”按钮，系统将自动把货物存放区分配在自动化立体库区，根据货物属性选择“组 层 列”，为货物指派货位。当一个货物的总重量和体积超过所选库位的最大承载重量时，请单击“ ”按钮，将货物的“通知数量”、“入库数量”进行分解。

（3）库位分配完毕后，单击“存盘”按钮，再单击“上架审核”按钮进行审核。如果该库位超出承载量，则审核不通过，可以单击“可分配库位”按钮查看库区的承载量。

如果总重量和总体积不超出库位的承载量，系统则会提示审核通过。此时单击“确定”按钮，系统会提示“分配货架位完成，可以进行上架”。

步骤五：模拟上架员将货物上架

（1）以上架员角色登录，单击“实训中心”→“上架单”，双击刚才验货的单据号。

（2）选择上架单据号，系统将打印货物上架清单，退出货物清单，系统会提示取货库门。

（3）移动角色到仓储设备存取区，单击取车“ ”按钮，取叉车到相应的库门取货。

（4）取车后，将车开到系统所提示的库门，单击“取货”按钮取货。

（5）根据系统提示货架的位置，把叉车开到对应的自动化立体库区货架旁。

（6）单击“■”按钮卸货，自动化立体仓库会自动完成上架，认真观察系统上架过程，并做记录，待堆垛机上架完后系统会提示“上架完成”。

相关知识点

1. 自动化立体仓库的组成

自动化立体仓库是采用高层货架储存货物，以巷道堆垛机自动存取货物，并通过周边的托盘输送设备，按照用户的需求自动进行入库和出库存取作业的仓库。

自动化立体仓库通常由立体货架、巷道堆垛机、周边出入库配套输送机、计算机管理控制系统以及其他辅助设备组成。出入库输送设备自动控制系统由主控制器、通信接口、输入及显示操作系统、传感检测系统、货物运动控制系统、控制软件等组成。输送设备与库外运输设备之间的搬运工作可以通过叉车运送、伸缩式皮带机传送、人工搬运等方式完成。

2. 自动化立体仓库的特点

自动化立体仓库采用高层货架存储货物，因而库存量大，且占地面积小。在自动化立体仓库中，采用巷道式堆垛自动从货架上存取物品，可节省人力，从而提高工作效率。并且，货物的传输搬运和货架存取等仓库管理的全部活动都由计算机控制，实现全过程自动化。自动化立体仓库在烟草、电子、食品、化工等行业中广泛应用。

3. 巷道堆垛机

在自动化立体仓库中，一般使用有轨巷道堆垛机。该堆垛机配备有特殊的取物装置，常用的有伸缩货叉或伸缩平板，能向两侧货格伸出存取货物。

巷道堆垛机在立体仓库高层货架的巷道内来回穿梭，将位于巷道口的货物存入货架的货格，或者取出货格内的货物运送到巷道口，如图 1-5-4 所示。

图 1-5-4　巷道堆垛起重机

考核标准

考核点	各项总分	自我评价（10%）	学生互评（30%）	教师评价（60%）	合计
出勤与工作态度	20				
能够按流程在规定的时间内独立完成老师布置的实训项目	50				
实训报告质量（检查以下质量点）：（1）是否能正确描述出自动化立体仓库区的入库过程，并描述出立体货架和巷道堆垛机的特点；（2）是否理解货物放到自动化立体仓库区的原因；（3）语言是否流畅；（4）文字表达是否清晰、准确	30				
合计	100				

项目六 轻型货架区收货管理

实训目的

通过本项目的实训，使学习者对轻型货架建立感性认识，能认知具有何种特点的货物适合放在轻型货架区，轻型货架区与其他货架区有何区别，并掌握轻型货架区的入库过程。

计划学时

本实训计划用时为 1 课时。

实训任务

任务单

广州莱姆森公司因业务需要，采购了清华同方股份有限公司（联系人：张温馨，电话：010-87661324）VCD 视盘机 DVP-V90A 共计 2000 台，存期 15 天。清华同方股份有限公司委托第三方物流运输公司将该批货物送到益达第三方物流公司仓库保管，货物收货单位为广州莱姆森公司（联系人：杨影，电话：020-8326636），地址为广州市沙都山前大道金碧御水庄 A 区 99 号。

任务要求：

（1）请将这批货物放到轻型货架区。

（2）模拟客服文员受理入库业务，根据入库通知缮制入库单；模拟收货员进行收货、卸货作业，模拟验货员核对货物信息资料、验收货物；模拟仓管员完成库位分配和上架审核，模拟上架员完成货物上架。

（3）认真观看入库动画，记录轻型货架区的入库流程，思考轻型货架区入库流程与自动化立体仓库区入库流程有什么区别。

（4）撰写实训报告，画出轻型货架区的入库流程，描述所使用的设备及其特点。

实训环境和实训组织

1. 实训环境

实训环境为 3D 仓储管理模拟实训系统，实训工具为 Office 软件。

2. 实训组织

步骤	方法
1	教师制作 PPT，并讲解轻型货架的结构、特点、适用场合，以及 3D 仓储模拟系统中轻型货架区的库位结构
2	教师演示如何完成轻型货架区的入库作业
3	教师发布任务单，要求学生按时间完成入库模拟操作
4	教师对学生进行测试，记录所用时间及其是否正确完成操作流程

实训步骤提示

步骤一：模拟客服文员，受理业务，填写收货单

（1）以客服文员角色登录，单击回到工作岗位图标“ ”。

（2）选择“实训中心”→“1 订单管理”→“1 收货订单”，弹出货物收货订单作业框如图 1-6-1 所示。

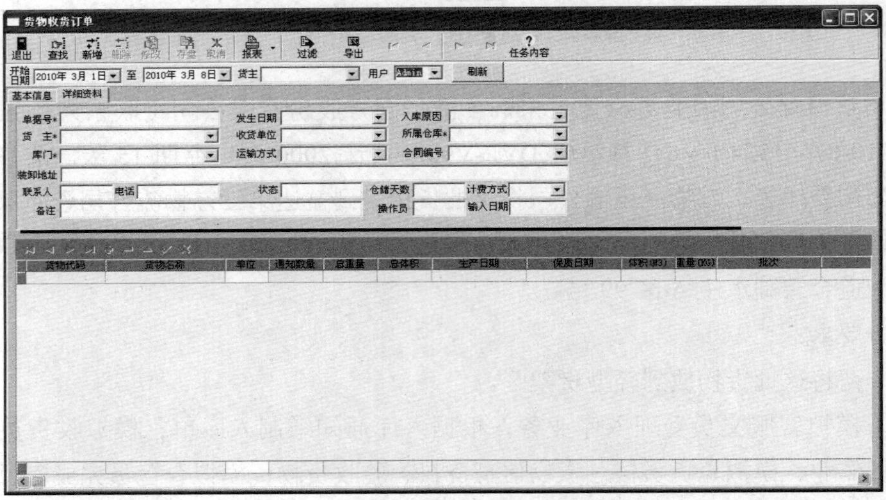

图 1-6-1　收货订单

（3）根据任务背景中的信息，从货主下拉框中选择相应货主，单击“刷新”按钮，单击“新增”按钮，创建一个收货订单，收货订单号用“自己的学号+阿拉伯数字”，填写收货单表头相关信息。

单击界面下框中的“ ”按钮，填写待收货物的具体信息，包括货物名称和数量。货物名称可在下拉菜单中进行选择，或者直接输入货物代码查找，按回车键确定。选择了货物后，相应的货物代码和货物名称以及单位等信息会自动生成。

（4）整个表体内容填写完整后，单击“存盘”按钮，系统会提示“保存数据完毕”，单击“确定”按钮，收货单完成。

步骤二：模拟收货员收货

（1）以收货员角色登录。

（2）单击“实训中心”，双击选择“1 收货单”，出现选择界面，选择自己建立的收货单号，单击“确定”按钮，弹出收货单据，查看收货单据信息。确认无误后，关闭窗口，根据系统提示收货方式进行收货。

（3）任务背景中为送货上门，这时系统会提示在指定库门接货。收货员在指定库门等待运货车到达。

（4）送货车抵达后系统会弹出消息窗口提示送货车到达，单击消息窗口中的“确定”按钮。

（5）单击“实训中心”→“1 收货管理”→“2 收货单填写”，单击消息口的“确定”按钮，弹出收货管理窗口。

（6）单击收货窗口中的“收货”按钮，核对收货信息，确认无误后单击“确定”按钮。

（7）收货员根据消息框提示单击“卸货”按钮，看到卸货员卸货。

步骤三：模拟验货员验货

（1）以验货员角色登录，单击“实训中心”→“验货单”，选择刚才收货的单据号。

（2）根据验货单到指定库门进行验收工作，单击验货图标“ ”进行验货。

（3）单击进入“实训中心”菜单，单击选择“1 功能管理”，双击“2 验货单 查询修改”，弹出“验货管理”窗口，单击“修改”按钮后，在弹出的“填写货损货差数据”窗口中输入验货数据，填写货差数量和破损数量后单击“存盘”按钮。系统会提示：“验货完成”。

步骤四：模拟仓管员进行库位分配

（1）以仓管员角色登录，单击“实训中心”→“仓位分配”，双击刚才验货的单据号，弹出“仓位管理”窗口。

（2）先单击“修改”按钮，再选择轻型货架区，选择库区后单击“分配”按钮，系统将自动把货物存放区分配在轻型货架区，单击“可分配库位”按钮查看轻型货架每个库位的存放情况后，根据货物属性选择“组 层 列”。当一个货物的总重量和体积超过所选库位的最大承载/重量时，请单击“+”按钮将货物的“通知数量”、“入库数量”进行分解。

（3）库位分配完毕后，单击“存盘”按钮，再单击“上架审核”按钮进行审核，如果该库位超出承载量，则审核不通过。可以单击“可分配库位”按钮查看库区的承载量。

如果总重量和总体积不超出库位的承载量，系统会提示审核通过。单击“确定”按钮，系统会提示“分配货架位完成，可以进行上架”。

步骤五：模拟上架员将货物上架

（1）以上架员角色登录，单击“实训中心”→“上架单”，双击刚才验货的单据号。

（2）选择上架单据号，系统将打印货物上架清单，退出货物清单，提示取货库门。

（3）移动角色到仓储设备存取区，单击取车“ ”按钮，取手推车到相应的库门取货。

（4）取车后，将车开到系统所提示的库门，单击“取货”按钮取货，如图 1-6-2 所示。

图 1-6-2　取货

（5）根据系统提示货架的位置，把货物推到指定货架库位旁，如图 1-6-3 所示。

图 1-6-3　移动货物到货架旁

（6）单击“”按钮下车，然后单击“”按钮拿货。

（7）走到指定库位旁，系统提示“请在此上架”。

（8）确定后单击“放货”按钮，系统提示上架完成，如图 1-6-4 所示。

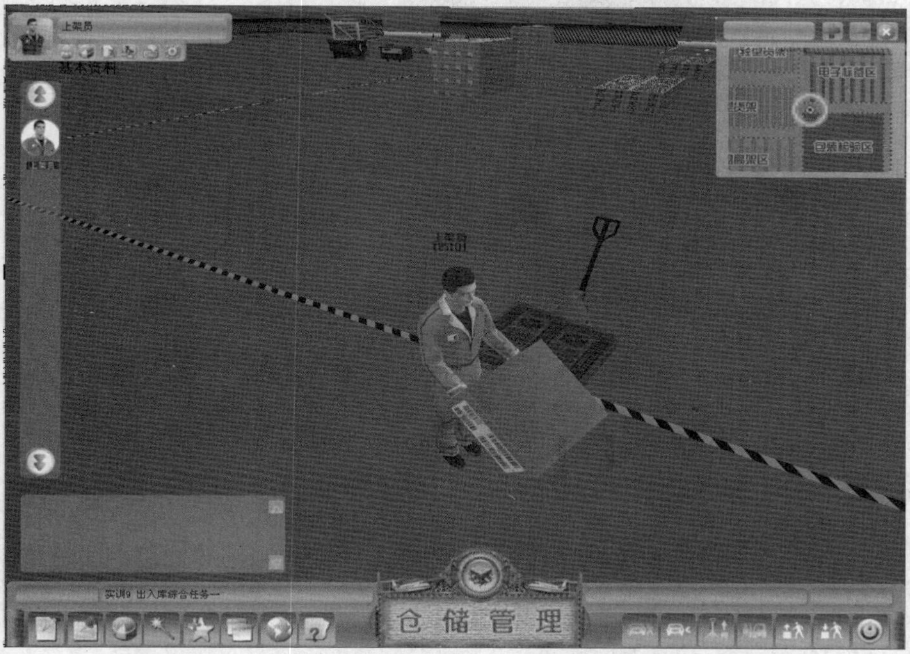

图 1-6-4 上架

相关知识点

1. 轻型货架

按载重量，货架可以分为轻型货架、中型货架和重型货架。轻型货架每层的载重量在 150kg 以下，中型货架每层的载重量为 150～500kg 之间，重型货架每层的载重量在 500kg 以上，如图 1-6-5 所示。

2. 轻型货架的使用场合

轻型货架相对于托盘货架而言，一般采用插接方式组装，其结构简单，货架的高度和深度较小，适合储存轻型或小件货物，可与塑料周转箱配合存放多品种小件产品，一般由人力直接进行存取作业，广泛应用于超市仓储、电子行业及小型零件仓库等人工作业的仓库中。

3. 何种货物存放到轻型货架区

在本实训中，这批货物属于电子产品，其重量轻、体积小，人工存取方便，适合存放到轻型货架区。

图 1-6-5　轻型货架

考核标准

考核点	各项总分	自我评价（10%）	学生互评（30%）	教师评价（60%）	合计
出勤与工作态度	20				
能够按流程在规定的时间内独立完成老师布置的实训项目	50				
实训报告质量（检查以下质量点）： （1）能否正确描述出轻型货架区入库流程，阐述轻型货架的特点以及轻型货架使用的存取和搬运设备；（2）语言是否流畅；（3）文字表达是否清晰、准确	30				
合计	100				

项目七 阁楼货架区收货管理

实训目的

通过本项目的实训，使学习者对阁楼货架建立感性认识，知道具有何种特点的货物适合放在阁楼货架区，阁楼货架区出入库使用哪些装卸搬运设备，阁楼货架区与其他货架区有何区别，并掌握阁楼货架区的入库流程。

计划学时

本实训计划用时为 1 课时。

实训任务

任务单

任务一：华联超市从广西南方食品公司采购龟苓膏（桂圆型 170）5 箱，广西南方食品公司委托第三方运输公司于 2014 年 6 月 5 日将这批货物送到益达第三方物流公司仓库，并将这些货物存放到阁楼货架区。

任务二：由于某公司的采购，清华同房股份有限公司于 2014 年 6 月 5 日发来电脑 3 台，将这些货物存放到益达第三方物流公司配送中心仓库的阁楼货架区。

任务要求：

（1）模拟客服文员受理入库业务，根据入库通知缮制收货订单，模拟收货员进行收货、卸货作业，模拟验货员核对货物信息资料、验收货物，模拟仓管员完成库位分配和上架审核，模拟上架员完成货物上架。

（2）认真观看入库动画，记录阁楼货架区的入库流程，思考阁楼货架区存放货物的特点。

（3）撰写实训报告，画出阁楼货架区的入库流程，描述所使用的设备及其特点。

实训环境和实训组织

1. 实训环境

实训环境为 3D 仓储管理模拟实训系统，实训工具为 Office 软件。

2. 实训组织

步骤	方法
1	教师讲解阁楼货架的特点以及适合使用阁楼货架的情况
2	教师演示阁楼货架区收货操作过程，讲解注意事项
3	教师发布任务单，要求学生按时间完成阁楼货架区的收货
4	教师对学生进行测试，记录所用时间及其是否正确完成操作流程

实训步骤提示

步骤一：模拟客服文员，受理业务，填写收货订单

（1）以客服文员角色登录，单击图标“ ”到客服文员工作岗位 。

（2）选择“实训中心”→“订单管理”→“收货订单”，进入收货订单作业窗口，如图 1-7-1 所示。

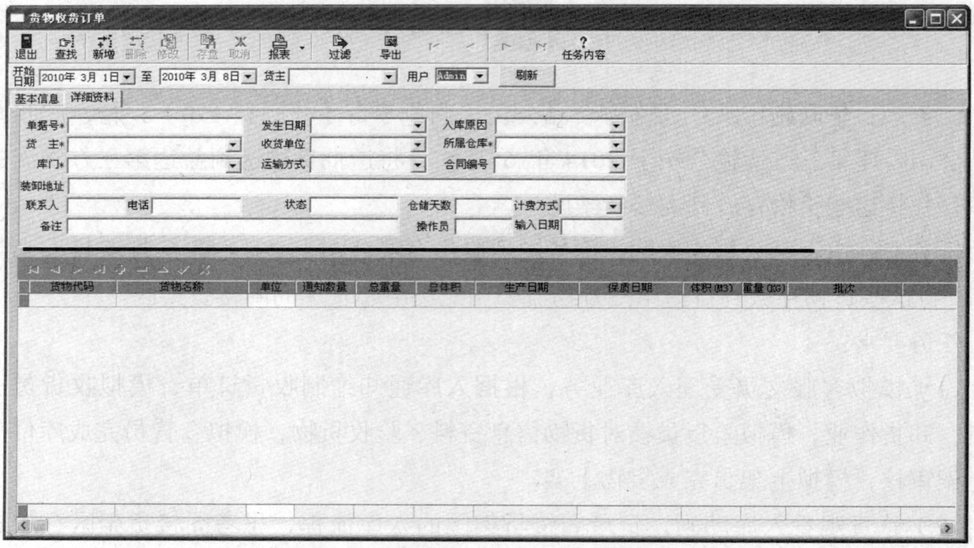

图 1-7-1　收货订单

（3）根据任务背景中的信息，从货主下拉框中选择相应货主，单击“刷新”按钮，再单击“新增”按钮，创建一个新的收货订单，收货订单号用“自己的学号+阿拉伯数字”，填写收货单表头相关信息。

单击界面下半部分框中的“ ”按钮，填写待收货物的具体信息，包括货物名称和数量。货物名称可在下拉菜单中进行选择，或者直接输入货物代码查找，按回车键确定。选择了货物后，相应的货物代码和货物名称以及单位等信息会自动生成。

（4）整个表体内容填写完整后，单击“存盘”按钮，系统会提示“数据保存完毕”，单击“确定”按钮，收货单完成。

步骤二：模拟收货员收货

（1）以收货员角色登录。

（2）单击“实训中心”按钮，双击选择“收货单”，出现选择界面，选择自己建立的收货单号，单击“确定”按钮，弹出收货单据，查看收货单据信息，确认无误后，关闭窗口，根据系统提示的收货方式进行收货。

（3）任务背景中为送货上门，这时系统会提示在指定库门接货。收货员在指定库门等待运货车到达。

（4）送货车抵达后，系统会弹出消息窗口提示送货车到达，单击消息窗口中的“确定”按钮。

（5）选择“实训中心”→“1 收货管理”→“2 收货单填写”，单击消息口的“确定”按钮，弹出收货管理窗口，如图 1-7-2 所示。

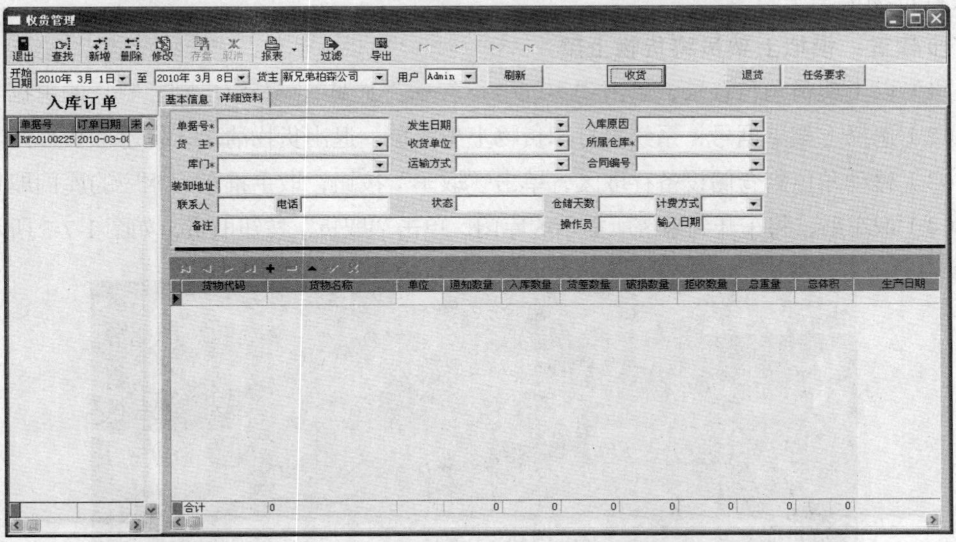

图 1-7-2　收货管理

（6）单击收货窗口中的“收货”按钮，核对收货信息，确认无误后单击“确定”按钮。

（7）收货员根据消息框提示单击“卸货”按钮。

步骤三：模拟验货员验货

（1）以验货员角色登录，单击“实训中心”→“验货单”，选择刚才收货的单据号。

（2）根据验货单到指定库门进行验收工作，单击“验货”按钮进行验货。

（3）单击“实训中心”→“1 功能管理”→“2 验货单查询修改”，弹出验货管理窗口，点击“修改”按钮后，在弹出的“填写货损货差数量”窗口中输入验货数据，填写货差数量和破损数量后单击“存盘”按钮，系统会提示：“验货完成”。

步骤四：模拟仓管员进行库位分配

（1）以仓管员角色登录，单击“实训中心”→“仓位分配”，双击刚才验货的单据号，弹出“仓位管理”窗口。

（2）先单击“修改”按钮，再从下拉框选择“阁楼货架区”，选择库区后单击“分配”按钮，系统将自动把货物存放区分配在轻型货架区，单击“可分配库位”按钮查看轻型货架每个库位的存放情况后，根据货物属性选择“ 组 | 层 | 列 ”。当一个货物的总重量和体积超过所选库位的最大承载重量时，请单击“+”按钮将货物的“通知数量”、“入库数量”进行分解。

（3）库位分配完毕后，单击“存盘”按钮，再单击“上架审核”按钮进行审核。如果该库位超出承载量，则审核不通过。可以单击“可分配库位”按钮查看库区的承载量。

如果总重量和总体积不超出库位的承载量，系统会提示审核通过。单击“确定”按钮，系统会提示“分配货架位完成，可以进行上架”，表示货物已分配仓位及货架，可以将货物上架了。

步骤五：模拟上架员将货物上架

（1）以上架员角色登录，单击“实训中心”→“上架单”→双击刚才验货的单据号。

（2）选择上架单据号，系统将打印货物上架清单，退出货物清单，提示取货库门。

（3）移动角色到仓储设备存取区，单击“取车”按钮，取手推车到相应的库门取货。

（4）取车后，将车开到系统所提示的库门，单击“取货”按钮取货，如图 1-7-3 所示。

图 1-7-3 取货

（5）取货后，系统提示上架货位，根据系统提示货架的位置，把货物推到指定货架库位旁。

（6）单击“”按钮下车，然后单击“”按钮拿货。

（7）走到指定库位旁，系统提示“请在此上架”。

（8）确定后单击“放货”按钮，系统提示上架完成。

相关知识点

阁楼式货架是一种根据场地情况，将货架设计成二层或多层阁楼，配楼梯、扶手等。货架底层不但是保管货物的场所，也是上层建筑承重梁的支撑，承重梁的跨距小，建筑费用低。阁楼式货架适用于库房较高、物品较轻、储货量较大的场合，也可用于现有旧仓库的改造，以提高仓库空间利用率，如图 1-7-4 所示。

图 1-7-4　阁楼货架

以下情况可使用阁楼式货架：

（1）仓库场地有限而需要存放物品品种很多；

（2）储存期较长的中小件货物；

（3）货架上层不适合重型搬运设备行走；

（4）对存取作业效率要求较高的货物存储。

考核标准

考核点	各项总分	自我评价（10%）	学生互评（30%）	教师评价（60%）	合计
出勤与工作态度	20				
能够按流程在规定的时间内独立完成本项目	50				
实训报告质量（检查以下质量点）：（1）能否正确描述出阁楼货架区的入库流程、使用的存储和装卸设备特点；（2）语言是否流畅；（3）文字表达是否清晰、准确	30				
合计	100				

项目八
货物调拨与库存管理

实训目的

通过本项目的实训，使学习者理解货物调拨的含义，掌握调拨单的缮制技能，了解同城和异地货物调拨流程，并让学习者体会库存台账的变化，理解登账的含义。

计划学时

本实训计划用时为1课时。

实训任务

任务单

任务一：异地调拨业务

由于销售的需要，将远大化工650聚酯酰胺树脂20kg共计2桶，从配送中心电子标签区2组3层3列调拨到异地配送中心电子标签区1组2层2列。

任务二：本地调拨业务

由于业务需要，将清华同方VCD视盘机DVP-V90A共计2箱由轻型货架区5组3层3列调拨到轻型货架区3组2层1列。

任务要求：

（1）完成两批货物的调拨任务。

（2）观察记录调拨过程，回答为什么要调拨，调拨与出库有什么区别。

（3）调拨完成后，对库存进行查询，并说出库存台账的作用。

实训环境和实训组织

1. 实训环境

实训环境为3D仓储管理模拟实训系统，实训工具为Office软件。

2. 实训组织

步骤	方法
1	教师制作 PPT，讲解调拨的概念和调拨作业流程
2	教师登录 3D 仓储管理系统，模拟如何完成货物调拨以及如何进行库存查询
3	教师发布任务单，要求学生在规定时间完成实训任务
4	教师对学生进行测试，记录所用时间及其是否正确完成操作流程

实训步骤提示

步骤一：模拟仓管员调拨货物

（1）以仓管员身份登录，如图 1-8-1 所示。

图 1-8-1 仓管员登录

（2）单击“实训中心”→“1 功能管理” →“6 库间调拨业务”，弹出“调拨管理”窗口，如图 1-8-2 所示。

（3）单击“货主”下拉框，选择“货主远大化工”，单击“刷新”按钮，再单击“新增”按钮，新创建一张调拨单，填写调拨原因、所属仓库（配送中心仓库）。

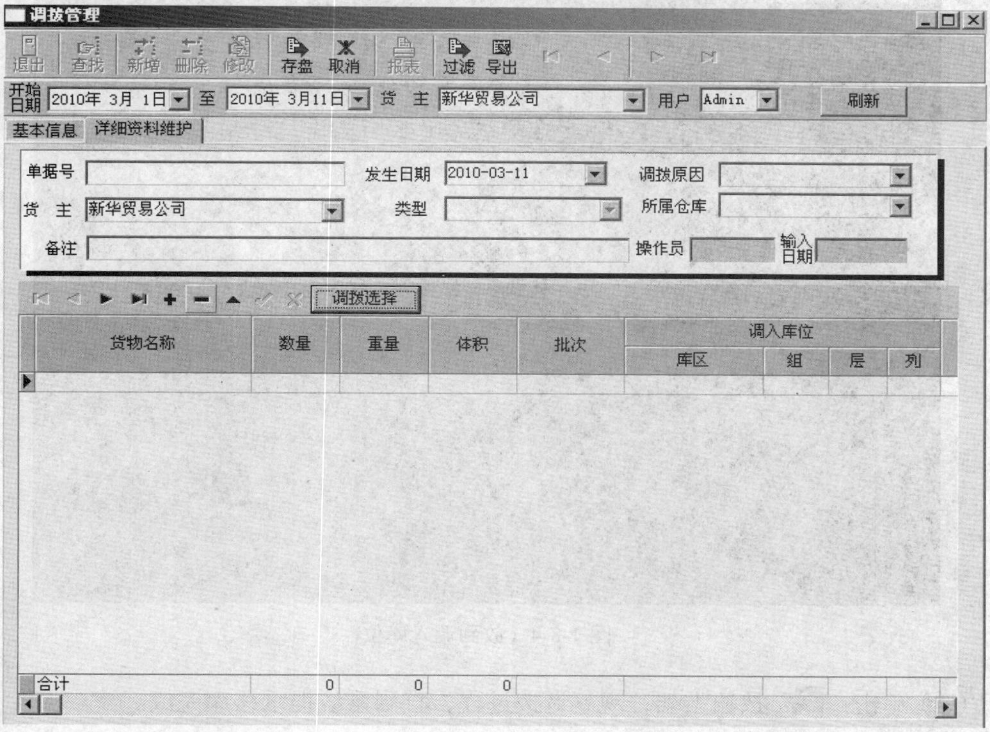

图 1-8-2 调拨管理

（4）单击界面下半框中的“+”按钮，添加任务单中需要调拨的货物信息，填写调入库位，存盘退出后，系统会提示调出库位和调入库位。

（5）根据系统的提示，到指定的电子标签区调出库位取货，如图 1-8-3 所示。

图 1-8-3 调出库位取货

（6）取货后将货物移到系统所提示的调入库位位置，如图 1-8-4 所示。

图 1-8-4 放到调入库位

（7）单击“ ”按钮上架，观察调拨过程，直到系统提示移库完成。

步骤二：模拟库存查询

（1）以仓管员身份单击“实训中心”→“2 仓库管理”，双击“1 入库台账”，弹出窗口如图 1-8-5 所示。

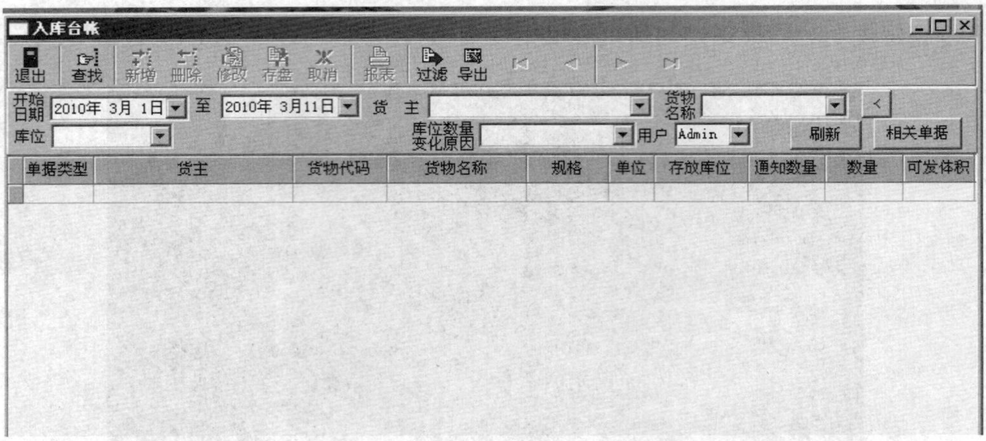

图 1-8-5 入库台账

（2）输入查询时间段，货主下拉框选择“远大化工”，单击“刷新”按钮，查看电子标签区 1 组 2 层 2 列库位信息，包括库位存放物料的代码、名称、单位、数量等。完成第 2 个调拨任务之后，用相同方法完成库存查询。

相关知识点

库存调拨或者移库是指货主单位为了业务方便或为改变商品的储存条件，需要将某批库存商品从一个库转移到另一个库，或者从一个库区转移到另一个库区的物流行为。调拨过程为先从原来的仓库（库区）出库，然后再到新的仓库（库区）入库。在实际管理中，要按照物料出库、入库的手续办理。当仓库（库区）中物料发生出入库变动时，必须要及时登账，使台账信息与实际存储物料信息保持一致。

在本实训中，完成调拨后，大家应查询相应库位信息，理解台账是随着出入库动作而变化的。

考核标准

考核点	各项总分	自我评价（10%）	学生互评（30%）	教师评价（60%）	合计
出勤与工作态度	20				
能够按流程在规定的时间内独立完成老师布置的实训项目	50				
实训报告质量（检查以下质量点）：（1）能否正确描述调拨流程；（2）是否理解调拨概念；（3）是否理解登账的作用	30				
合计	100				

项目九
托盘货架区发货管理

实训目的

通过本项目的实训，使学习者掌握托盘货架区的发货流程，了解托盘货架区发货的特点，托盘区出库所使用的存取和搬运设备，托盘区出库与其他类型存储区出库作业有何不同。

计划学时

本实训计划用时为 1 课时。

实训任务

任务单

任务一：广西南方食品公司有一批货物“南方早餐豆奶”存放在配送中心仓库的托盘货架区，由于销售原因，拟提取“南方早餐豆奶”10 箱发给经销商王健（电话：13502035496），发货方式为送货上门，请完成该批货物的出库。

任务二：广西南方食品公司有一批货物“桂圆龟苓膏 250 克×24 罐”存放在配送中心仓库的托盘货架区，由于销售原因，现要求提取桂圆龟苓膏 10 箱，发货方式为送货上门，收货单位为海南金威公司（联系人：廖晖，电话：13010523237），地址为海口市虹桥路 18 号，请完成该批货物的出库。

任务要求：

（1）根据客户出库通知制作发货订单。

（2）核对要出库货物的信息，填写出库库位、库门、分拣口信息，完成发货单制作。

（3）到指定库位取货，观察托盘区出库动画，记录出库流程。

（4）画出托盘区出库流程，写出所使用的搬运设备，回答托盘货架区出库与电子标签区出库有何不同。

实训环境和实训组织

1. 实训环境

实训环境为 3D 仓储管理模拟实训系统，实训工具为 Office 软件。

2. 实训组织

步骤	方法
1	教师制作 PPT，讲解出库作业流程
2	教师演示如何从托盘货架区出库
3	教师发布任务单，要求学生按时间完成出库操作
4	教师对学生进行测试，记录所用时间及其是否正确完成操作流程

实训步骤提示

步骤一：填写发货订单

（1）以客服文员身份登录，单击“ ”按钮回到工作岗位。

（2）单击“实训中心”→“1 订单管理”→“2 发货订单”，出现窗口，如图 1-9-1 所示。

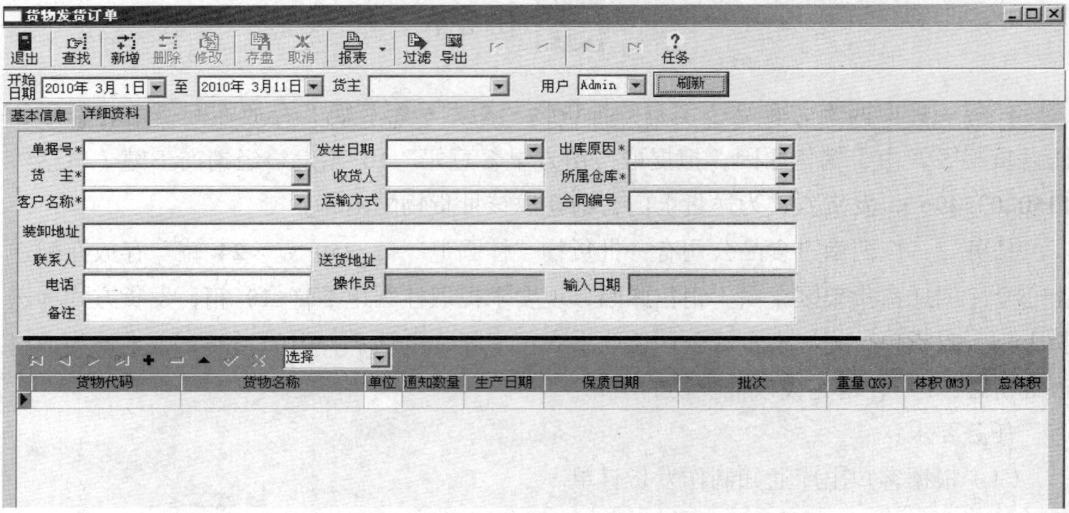

图 1-9-1　发货订单

（3）单击货主下拉框，选择“广西南方食品公司”；单击“刷新”按钮，再单击“新增”按钮；填写发货订单号（学号+数字）；填写所属仓库、出库原因、客户名称、货主信息。

（4）单击界面下半框中的“ ”按钮，要出库的货物名称可在下拉菜单中进行选择。选择货物后，相应的货物代码和单位会自动生成，填写要出库货物的通知数量、存放的库区等、组、位等，将所有信息填写完善，单击“保存”按钮，退出发货订单管理窗口。

步骤二：制作发货单

（1）以发货员角色登录，进入“实训中心”，单击“发货单”，选择刚才制作的发货单据，出现货物拣选管理窗口，如图 1-9-2 所示。

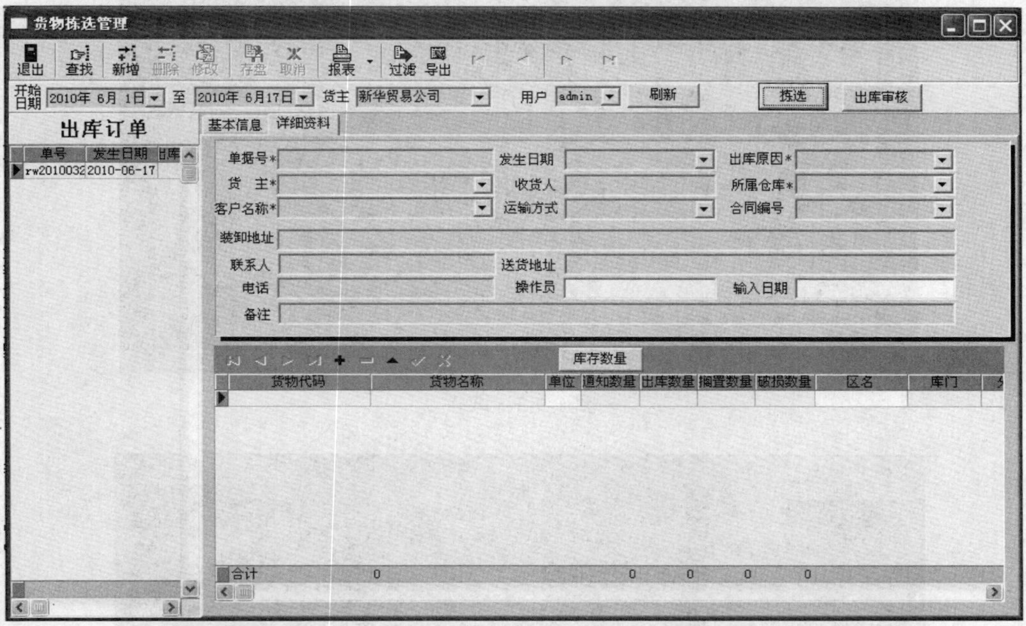

图 1-9-2 货物拣选管理

（2）单击窗口右上角的“拣选”按钮，单击“修改”按钮，再单击“库存数量”按钮，查看库存货物的数量及位置，双击选择要出库的货物。

（3）将所有要出库的货物位置信息全部导入（或直接填写）后，填写“1 号库门”，单击“存盘”按钮后，单击“出库审核”按钮进行出库审核。库位、库门、分拣口信息一定要填写完整，否则会提示审核未成功，需要再次填写完整货物信。审核通过后，系统会提示“出库审核通过可以出库”。

步骤三：出库

（1）以出库员角色登录，进入“实训中心”，单击“出库单”，选择刚才制作的发货单，系统会提示出库货物的信息，核对无误后关闭该窗口，系统会提示出库位置和所用到的出库工具。

（2）根据提示到仓储设备存储区取叉车，并到指定的托盘货架位置，单击“取货”按钮进行取货，如图 1-9-3 所示。

（3）取货后移动到指定库门（5 号库门），单击“卸货”按钮进行卸货，如图 1-9-4 所示。

（4）系统提示如图 1-9-5 所示的窗口，表示出库过程完成。

图 1-9-3　取货

图 1-9-4　卸货

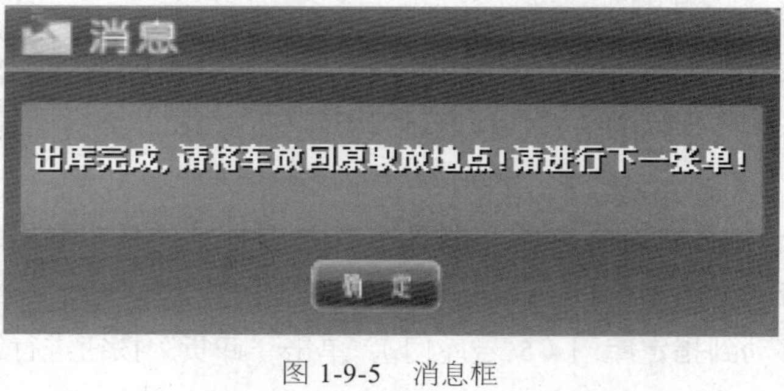

图 1-9-5　消息框

步骤四：完成任务一之后，按照上述过程练习任务二，直到操作熟练为止

相关知识点

1. 3D模拟出库操作流程

3D 模拟出库操作的流程图如图 1-9-6 所示。

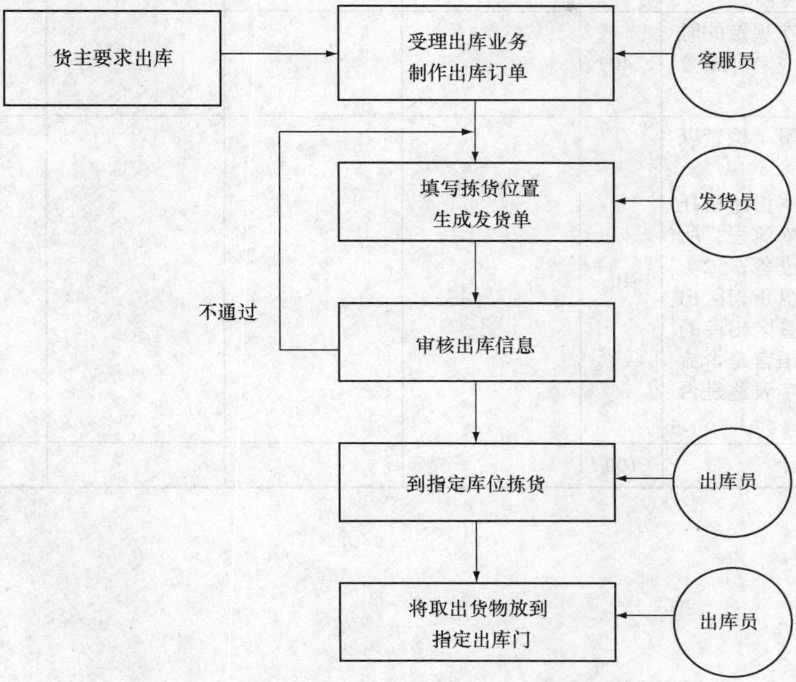

图 1-9-6 3D 模拟出库操作流程图

2. 审核出库信息的原因

发货单具有拣货单的作用。在实际出库作业中，拣错货是常见的问题。它经常是由于拣货单上货物信息不完善，或是拣货位置不够具体所致。为了减少拣货出错的概率，在实际仓库管理中，要求拣货单信息一定要细化到拣货的具体货位。

在使用信息系统生成拣货单时，增加拣货单审核环节，可以保证拣货单上待拣货物的数量、型号、规格、位置等信息具体、完善，如果拣货单上的信息不完整，系统控制不能进入下一个操作环节。

3. 托盘货架区出库的特点

托盘货架区适合存放出入库批量较大的货物。它通常以托盘为出库单位，出库作业可用动力叉车进行取货和搬运，其作业效率高。

考核标准

考核点	各项总分	自我评价（10%）	学生互评（30%）	教师评价（60%）	合计
出勤与工作态度	20				
能够按流程在规定的时间内独立完成老师布置的实训项目	40				
实训报告质量（检查以下质量点）：（1）能否正确描述出托盘货架区出库流程、所使用的取货设备；（2）是否了解托盘货架区出库与电子标签区出库的区别；（3）语言是否流畅；（4）文字表达是否清晰、准确	40				
合计	100				

项目十 电子标签区发货管理

实训目的

通过本项目的实训，使学习者掌握电子标签区的发货流程，了解电子标签区发货有何特点，如何拣货，所使用的搬运设备以及电子标签区出库与其他类型存储区出库作业有何不同。

计划学时

本实训计划用时为 1 课时。

实训任务

任务单

任务一：上海农心广州分公司（联系人：崔健爽，电话：021-85991324）有一批货物——香菇牛肉面存放在配送中心仓库电子标签区。因销售原因，需要提取香菇牛肉面 3 箱出库，收货单位为深圳沃尔玛珠江百货（联系人：邝女士，电话：13602023716，地址：深圳市蛇口区 300 号），送货车辆在 5 号库等待装货，请完成该出库要求。

任务二：广州世佳电器有限公司（联系人：扬扬，电话：020-85093245）有一批货物——D&L 视听光盘存放在配送中心仓库电子标签区。因销售原因，需要提取 2 箱出库，收货单位为深圳沃尔玛珠江百货（联系人：邝女士，电话：13602023716，地址：深圳市蛇口区 300 号），送货车辆在 2 号库等待装货，请完成该出库要求。

任务三：广州世佳电器有限公司（联系人：扬扬，电话：020-85093245）有一批耳机存放在配送中心仓库电子标签区。因销售原因，需要提取 2 箱出库，收货单位为深圳沃尔玛珠江百货（联系人：邝女士，电话：13602023716，地址：深圳市蛇口区 300 号），送货车辆在 2 号库等待装货，请完成该出库要求。

任务要求：

（1）根据客户出库通知制作发货订单。

（2）核对待出库货物的信息，填写出库库位、库门、分拣口信息，完成发货单制作。

（3）到电子标签区亮灯处拣货，观察电子标签区出库动画，记录出库流程。

（4）画出电子标签区出库流程，写出所使用的搬运设备，回答电子标签区出库与托盘货架区出库有何不同。

实训环境和实训组织

1. 实训环境

实训环境为 3D 仓储管理模拟实训系统，实训工具为 Office 软件。

2. 实训组织

步骤	方法
1	教师制作 PPT，讲解电子标签辅助拣货的原理
2	教师演示电子标签区拣货的操作过程
3	教师发布任务单，要求学生按时间完成电子标签区的拣货操作
4	教师对学生进行测试，记录所用时间及其是否正确完成操作流程

实训步骤提示

步骤一：填写发货订单

（1）以客服文员身份登录，单击“ ”按钮回到工作岗位。

（2）单击“实训中心”→“1 订单管理”→“2 发货订单”，出现窗口，如图 1-10-1 所示。

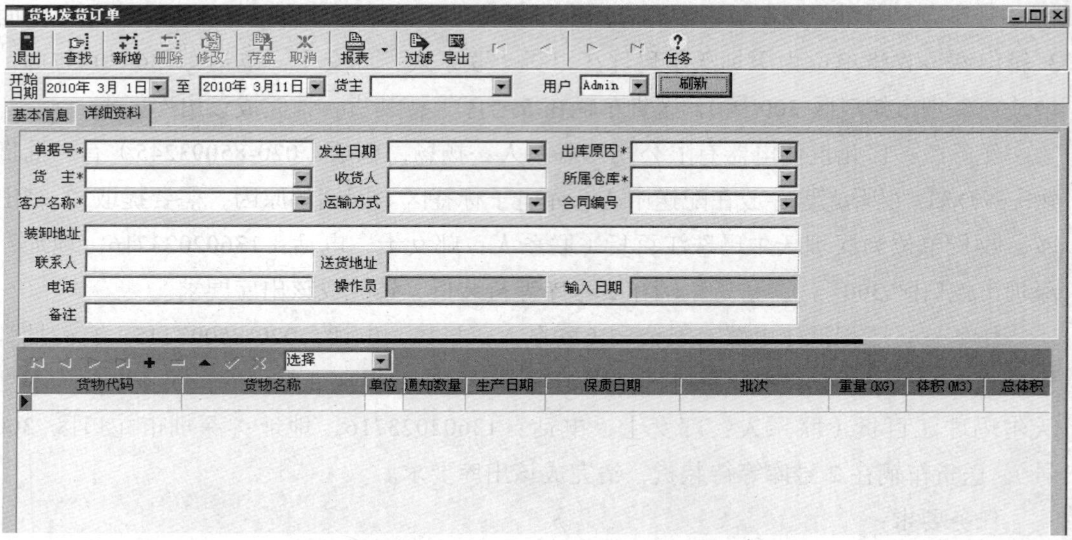

图 1-10-1 发货订单

（3）单击货主下拉框，选择“上海农心广州分公司”；单击“刷新”按钮，单击“新增”按钮；填写发货订单号（学号+数字）；填写所属仓库、出库原因、客户名称、货主信息。

（4）单击界面下半框中的“✚”按钮，要出库的货物名称可在下拉菜单中进行选择，选择了货物后，相应的货物代码和单位会自动生成，填写要出库货物的通知数量、存放的库区（电子标签区、10 组、2 位）等信息，将所有信息填写完善，单击“保存”按钮，退出发货订单管理窗口。

步骤二：制作发货单

（1）以发货员角色登录，进入“实训中心”，单击“发货单”，选择刚才制作的发货单据，出现货物拣选管理窗口，如图 1-10-2 所示。

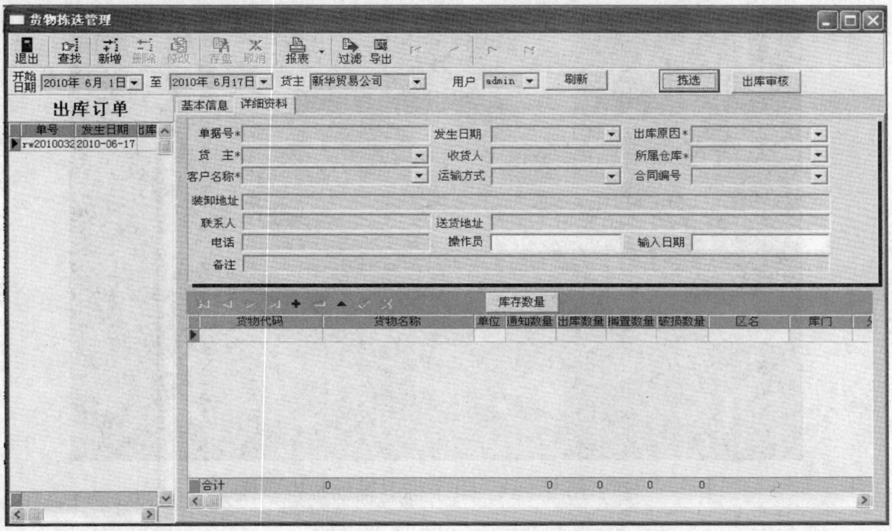

图 1-10-2　货物拣选管理

（2）单击窗口右上角的“拣选”按钮，单击“修改”按钮，再单击“库存数量”按钮，查看库存货物的数量及位置，双击选择要出库的货物。

（3）填写要出库的货物位置，填写 5 号库门，单击“存盘”按钮后，单击“出库审核”按钮进行出库审核。注意，库位、库门、分拣口信息一定要填写完整，否则会提示审核未成功，需要再次填写完整货物信。审核通过后，系统提示“出库审核通过可以出库”。

步骤三：出库

（1）以拣选员角色登录，选择“实训中心”，单击“1 拣货订单”，选择弹出的拣选单，弹出出库通知单，再关闭出库通知单，系统会提示：“请到电子标签亮灯处拣货”。

（2）拣选员到电子标签货架区亮灯处，单击亮灯库位号，认真观察拣货视频，拣货完毕指示灯灭。系统会提示核单员出核单。

（3）拣选员到核单员处，单击核单员，即代表核单完成，系统会提示：“流程结束”。

（4）完成任务 1 后，按上述步骤模拟任务 2 和任务 3，直到操作熟练为止。

相关知识点

1. 电子标签辅助拣选系统

为了提高拣选作业的效率，很多仓库通过引进自动拣选系统来提高拣选效率，电子标签拣选系统就是其中之一。

电子标签辅助拣选系统由是一组安装在货架存储位上的电子设备，透过计算机与软件的控制，依靠由灯号与数字显示作为辅助工具，引导拣货人员正确、快速、轻松地完成拣货工作的系统，如图 1-10-3（a）和图 1-10-3（b）所示。

图 1-10-3（a） 电子标签辅助拣选系统

图 1-10-3（b） 电子标签辅助拣选系统

2. 电子标签辅助拣货的优点

（1）可以降低拣选的前置作业时间，提高作业效率。

（2）根据数码指示灯的指引，可以大幅降低错误率。

（3）信息传输为电子化形式，可以实现无纸化作业。

（4）可以实现作业标准化。

（5）操作简单，可以缩短人员上线培训时间 。

考核标准

考核点	各项总分	自我评价（10%）	学生互评（30%）	教师评价（60%）	合计
出勤与工作态度	20				
能够按流程在规定的时间内独立完成老师布置的实训项目	50				
实训报告质量（检查以下质量点）： （1）电子标签区出库流程图是否正确；（2）能否写出所使用的搬运设备；（3）能否正确回答电子标签区出库与托盘货架区出库的区别；（4）语言是否流畅；（5）文字表达是否清晰、准确	30				
合计	100				

项目十一
自动化立体仓库区发货管理

实训目的

通过本项目的实训，使学习者对自动化立体仓库建立感性认识，掌握自动化立体仓库的出库流程、所使用的装卸及搬运设备，进一步理解巷道堆垛机的作用和工作方式，知晓自动化立体库的出库作业与其他库区的出库作业有何异同。

计划学时

本实训计划用时为 1 课时。

实训任务

任务单

上海农心广州分公司（联系人：崔健爽，电话：021-85991324）有一批货物——冷冻武昌鱼存放在配送中心自动化立体仓库区，因销售原因，需要从自动化立体仓库区提取 2 箱冷冻武昌鱼，收货单位为莲花超市（联系人：黄先生，电话：13602028593），运输车辆在 3 号库门等待装货，请完成这批货物的出库作业。

任务要求：

（1）根据客户出库通知制作发货订单。

（2）核对要出库货物的信息，填写出库库位、库门、分拣口信息，完成发货单的制作。

（3）观看自动化立体仓库区的出库动画，记录出库流程。

（4）画出自动化立体仓库区的出库流程，写出货物从立体货架上取出的过程、使用的搬运设备，回答自动化立体仓库区的出库流程与电子标签区、托盘货架区有何不同。

实训环境和实训组织

1. 实训环境

实训环境为 3D 仓储管理模拟实训系统，实训工具为 Office 软件。

2. 实训组织

步骤	方法
1	教师制作 PPT，讲解自动化立体仓库区的特点
2	教师演示自动化立体仓库区的操作过程
3	教师发布任务单，要求学生按时间完成自动化立体仓库区的出库操作
4	教师对学生进行测试，记录所用时间及其是否正确完成操作流程

实训步骤提示

步骤一：填写发货订单

（1）以客服文员身份登录，单击“ ”按钮回到工作岗位。

（2）单击“实训中心”→“1 订单管理”→“2 发货订单”。

（3）单击货主下拉框，选择“上海农心广州分公司”；单击“刷新”按钮，再单击“新增”按钮；填写发货订单号（学号+数字）；填写所属仓库、出库原因、客户名称、货主信息。

（4）单击界面下半框中的“ ”按钮，要出库的货物名称可在下拉菜单中进行选择。选择货物后，相应的货物代码和单位会自动生成。填写要出库货物的通知数量、存放的库区（电子标签区、10 组、2 位）等信息，将所有信息填写完善，单击“保存”按钮，退出发货订单管理窗口。

步骤二：制作发货单

（1）以发货员角色登录，进入“实训中心”，单击“发货单”按钮，选择刚才制作的发货单据，出现货物拣选管理窗口。

（2）单击窗口右上角的“拣选”按钮，单击“修改”按钮，再单击“库存数量”按钮，查看库存货物的数量及位置，双击选择要出库的货物。

（3）填写要出库的货物位置，填写 5 号库门，单击“存盘”按钮后，单击“出库审核”按钮进行出库审核。库位、库门、分拣口信息一定要填写完整，否则会提示审核未成功，需要再次填写完整货物信。审核通过后，系统会提示“出库审核通过可以出库”。

步骤三：出库

（1）以发货员角色登录，选择“实训中心”，单击“1 拣货订单”，选择弹出的拣选单，弹出出库通知单，关闭出库通知单。

（2）移动到自动化立体仓库拣货位置，认真观察拣货动画，记录拣货和传输过程。

相关知识点

自动化立体仓库区的货物出库，使用巷道堆垛机从高层货架上将货物取出，巷道堆垛机将货架上取出的货物放到巷道口，然后由滚柱连续输送机（或皮带输送机）将货物送到出库区。也就是说，在自动化立体仓库区，货物的搬运和货架存取都是依靠机械设备自动完成的。

考核标准

考核点	各项总分	自我评价（10%）	学生互评（30%）	教师评价（60%）	合计
出勤与工作态度	20				
能够按流程在规定的时间内独立完成老师布置的实训项目	50				
实训报告质量（检查以下质量点）： （1）能否正确描述出立体仓库出库流程及所使用的搬运设备； （2）能否正确描述自动化立体仓库区出库过程与电子标签区出库、托盘货架区出库的区别	30				
合计	100				

项目十二
轻型货架区发货管理

实训目的

通过本项目的实训，使学习者掌握轻型货架区的发货流程，了解轻型货架区发货的特点及所使用的存取和搬运设备，能说出轻型货架区出库与其他类型存储区出库作业有何异同。

计划学时

本实训计划用时为 1 课时。

实训任务

任务单

清华同方股份有限公司（联系人：张温馨，电话：010-87661324）有一批货物——VCD 视盘机 DVP-V90A 存放在配送中心仓库，因为销售需要，清华同方股份有限公司要求从配送中心仓库提取 3 箱 VCD 视盘机，运输车辆在 1 号库门等待装货，收货单位为广州莱姆森公司（联系人：杨影，电话：020-8326636），地址为广州市沙都山前大道金碧御水庄 A 区 99 号。请完成该批货物的出库。

任务要求：

（1）根据客户出库通知制作发货订单。

（2）核对要出库货物的信息，填写出库库位、库门、分拣口信息，完成发货单制作。

（3）到指定库位取货，观察轻型货架区的出库动画，记录出库流程。

（4）画出轻型货架区出库流程，写出所使用的搬运设备，回答轻型货架区出库与托盘货架区出库、电子标签区出库有何不同。

实训环境和实训组织

1. 实训环境

实训环境为 3D 仓储管理模拟实训系统，实训工具为 Office 软件。

2. 实训组织

步骤	方法
1	教师制作 PPT，讲解出库作业流程
2	教师演示如何从轻型货架区进行出库作业
3	教师发布任务单，要求学生按时间完成出库操作
4	教师对学生进行测试，记录所用时间及其是否正确完成操作流程

实训步骤提示

步骤一：填写发货订单

（1）以客服文员身份登录，单击“ ”按钮，回到工作岗位。

（2）点击“实训中心”→“1 订单管理”→“2 发货订单”，出现窗口，如图 1-12-1 所示。

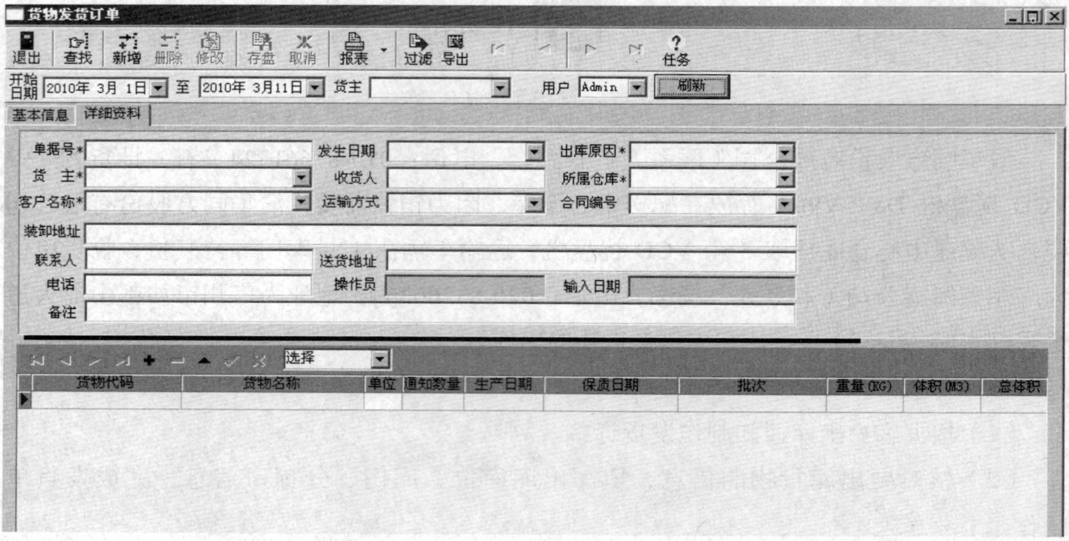

图 1-12-1 发货订单

（3）点击“货主”下拉框，选择“清华同方股份有限公司”。单击“刷新”按钮，单击“新增”按钮，再填写发货订单号（学号+数字），填写所属仓库、出库原因、客户名称、货主信息。

（4）单击界面下半框中的“ ”按钮，要出库的货物名称可在下拉菜单中进行选择，选择货物后，相应的货物代码和单位会自动生成，填写要出库货物的通知数量、存放的库区等、组、位等，将所有信息填写完善，单击“保存”按钮，退出发货订单管理窗口。

步骤二：制作发货单

（1）以发货员角色登录，进入“实训中心”，单击“发货单”按钮，选择刚才制作的发货单据，出现货物拣选管理窗口。

（2）单击窗口右上角的“拣选”按钮，单击“修改”按钮，再单击“库存数量”按钮，查看库存货物的数量及位置，双击选择要出库的货物。

（3）将所有要出库的货物位置信息全部导入（或直接填写）后，填写“1 号库门”，单击“存盘”按钮，单击“出库审核”按钮进行出库审核。库位、库门、分拣口信息一定要填写完整，否则会提示审核未成功，需要再次填写完整货物信。审核通过后，系统会提示“出库审核通过可以出库”。

步骤三：出库

（1）以出库员角色登录，进入“实训中心”，单击“出库单”按钮，选择刚才制作的发货单，系统提示出库货物的信息，核对无误后关闭该窗口，系统提示出库位置和所用到的出库工具。

（2）根据提示，到仓储设备存取区，单击“取手推车”按钮，并到指定的轻型货架位置单击“取货”按钮取货。

（3）取货后用手动液压托盘搬运车将货物移动到指定库门（1 号库门），单击“卸货”按钮卸货。

（4）系统提示如图 1-12-2 所示的窗口，表示出库过程完成。

消息
出库完成，请将车放回原取放地点！请进行下一张单！
确 定

图 1-12-2　消息框

相关知识点

轻型货架区出库的特点为：轻型货架用于人工作业仓库，其出库作业需要人工货物从货架上取下，用手动液压托盘搬运车搬运到指定出库口。

考核标准

考核点	各项总分	自我评价（10%）	学生互评（30%）	教师评价（60%）	合计
出勤与工作态度	20				
能够按流程在规定的时间内独立完成老师布置的实训项目	40				
实训报告质量（检查以下质量点）：（1）能否正确描述出轻型货架区出库流程；（2）能否正确回答轻型货架区出库与托盘货架区出库、电子标签区出库的区别；（3）语言是否流畅；（4）文字表达是否清晰、准确	40				
合计	100				

项目十三
添加货主和客户资料

实训目的

信息系统基础信息资料的维护是仓储信息员必须具备的技能之一。学习者通过模拟 IT 文员，掌握维护系统基础数据的技能，并且学会添加货主资料、仓库资料、客户资料、货品信息、设备资料、操作人员信息等。

计划学时

本实训计划用时为 1 课时。

实训任务

模拟添加公司部门信息、公司员工信息、车辆信息、货主信息、货物信息、库位信息，进行仓库信息维护、收货或发货人信息维护以及承运公司信息维护等。

实训环境和实训组织

实训环境为 3D 仓储管理模拟实训系统，实训工具为 Office 软件。

实训步骤提示

步骤一：登录系统

（1）以 IT 文员角色登录系统，进入写字楼的 IT 文员工作位置。

（2）选择“实训中心”，出现如图 1-13-1 所示的界面。

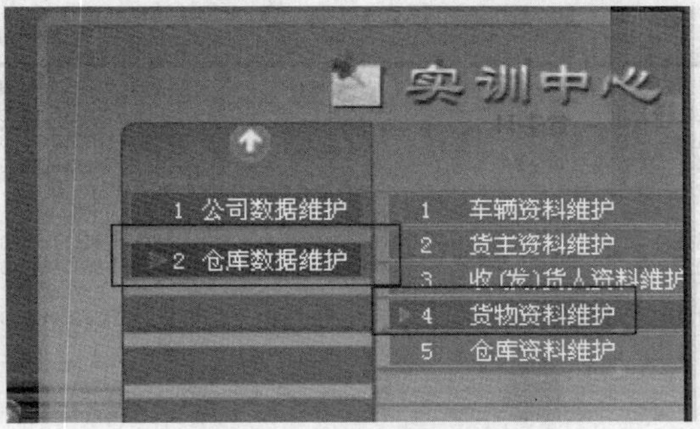

图 1-13-1　基础数据维护

步骤二：数据信息维护

（1）选择“车辆资料维护”，填写车辆基本信息，如图 1-13-2 所示。

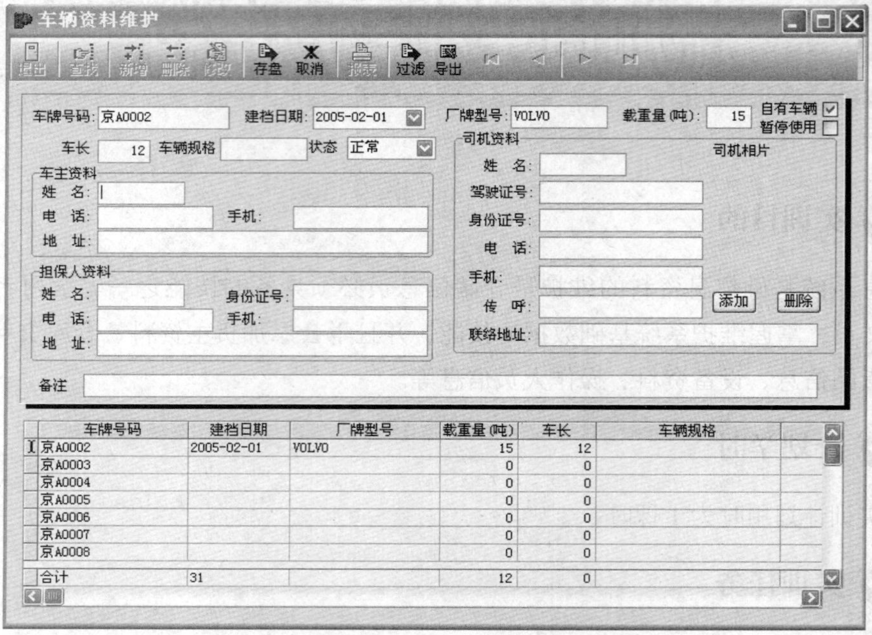

图 1-13-2 车辆资料维护

（2）选择“货主资料维护”，填写货主资料，如图 1-13-3 所示。

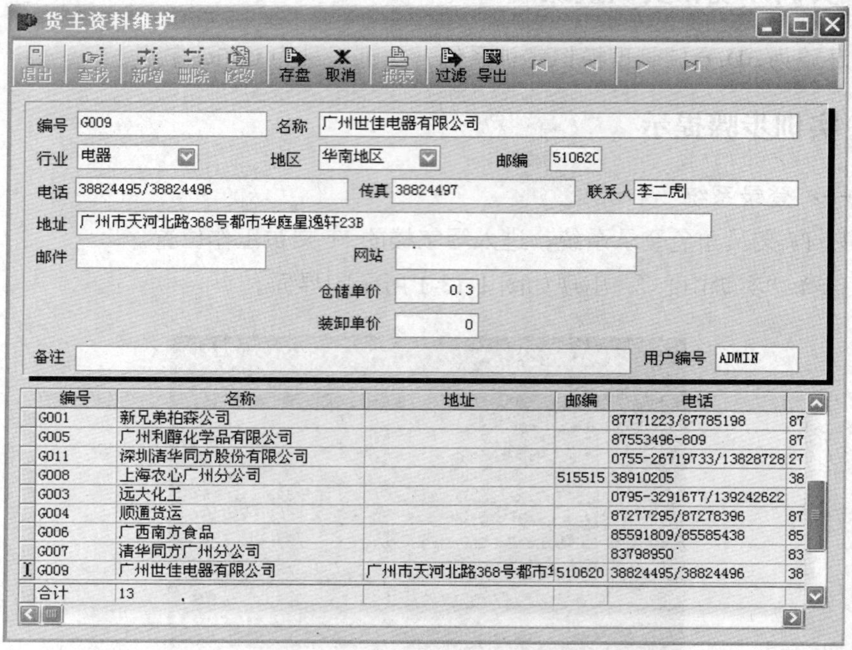

图 1-13-3 货主资料维护

（3）选择“货物资料维护”，选择“货主”，建立货主的货物资料，如图 1-13-4 所示。

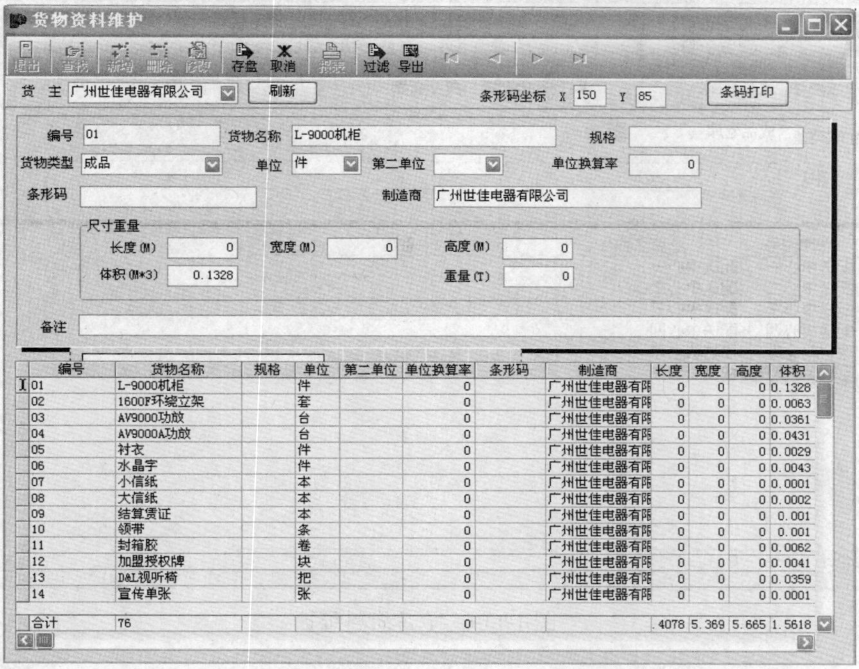

图 1-13-4　货物资料维护

（4）选择“库位信息维护”，添加库位信息，如图 1-13-5 所示。

图 1-13-5　库位信息维护

（5）选择“仓库资料维护”，进行仓库信息的维护，如图 1-13-6 所示。

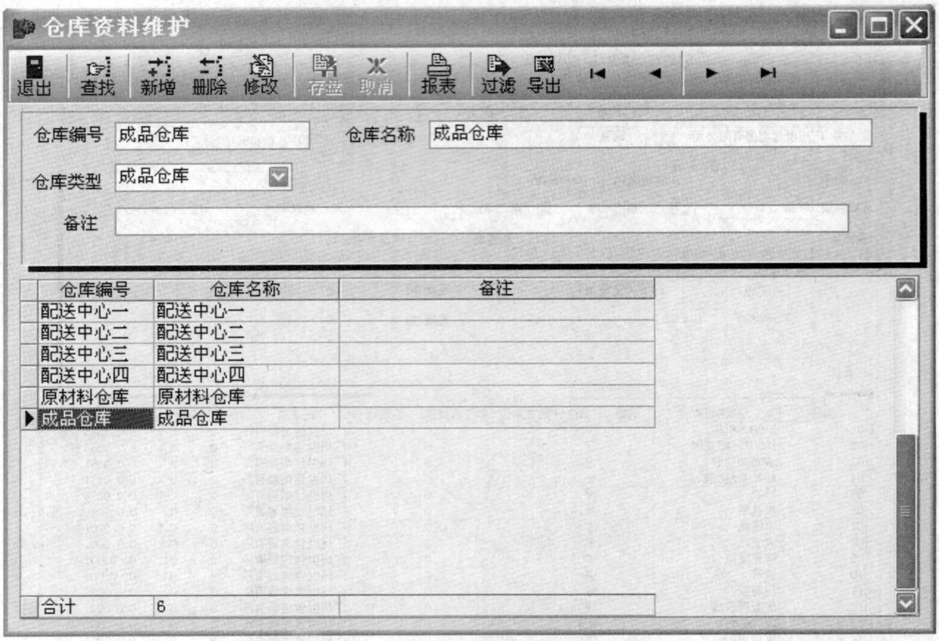

图 1-13-6　仓库资料维护

（6）选择“收/发货人资料维护”，进行收货和发货人信息的维护，如图 1-13-7 所示。

图 1-13-7　收/发货人资料维护

（7）选择“承运公司资料维护”，进行承运公司的信息维护，如图 1-13-8 所示。

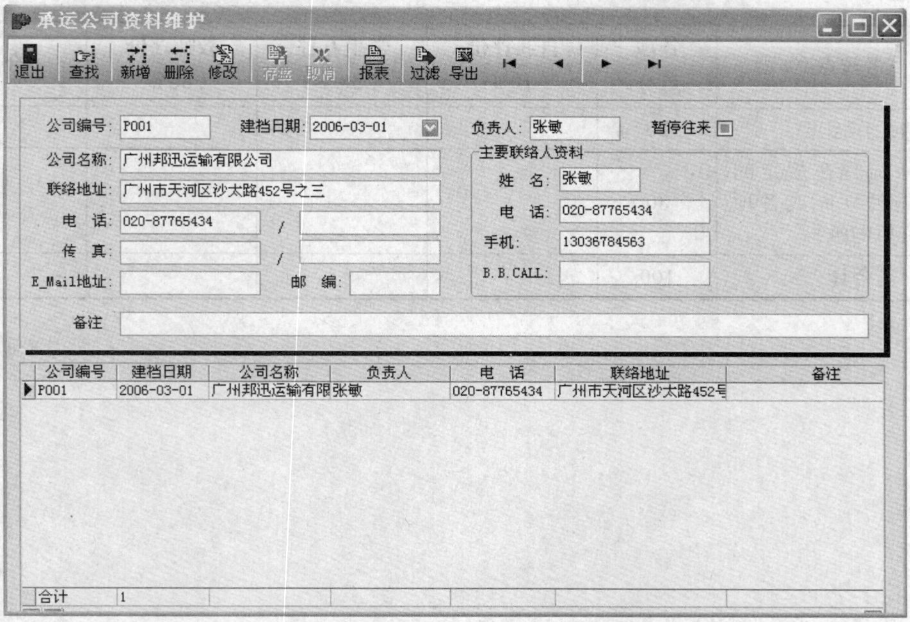

图 1-13-8 承运公司资料维护

考核标准

考核点	各项总分	自我评价（10%）	学生互评（30%）	教师评价（60%）	合计
出勤与工作态度	20				
能够按流程在规定的时间内独立完成各项基础资料的维护	80				
合计	100				

模块二

仓储手工操作实训

项目一 货位编码

实训目的

通过本项目的实训，使学习者理解货位编码的作用，掌握货位编码的方法。对于新建仓库，学习者能够对库位进行编码；对于已有仓库，学习者能够理解现有编码的含义，能够利用货位编码进行库存管理。

计划学时

本实训计划用时为 2 课时。

实训任务

任务单

通达物流公司新扩建了一个配送中心仓库，该仓库为人工存取货架型仓库，准备用来存放电脑配件，共配有 9 排货架，每排货架为 3 层 3 列。

任务要求：

（1）画出库内货架布置平面图，标出通道。

（2）为库内货架货位进行编码。

（3）制作货位编码标识，将货位编码粘贴在相应位置。

实训环境和实训组织

1. 实训环境

实训环境为校内仓储场地，实训工具为货架、模拟物品若干箱（用纸箱模拟），Office 软件。

2. 实训组织

步骤	方法
1	教师制作 PPT，并介绍本次实训目的和货位编码方法
2	教师为每个小组分配一个模拟的仓储场地

续表

步骤	方法
3	教师下发任务单，组织学生画线标出仓库边界，安排货架位置，对货位进行编码
4	教师检查每组货架的摆放位置是否合理，根据合理性记录成绩等级；检查每组货位标识，审查货位编码是否正确，记录错误次数

实训步骤提示

步骤一：仓储场地准备

教师为每个小组分配一个场地作为模拟仓库，各小组根据场地形状画出仓库边界，标出仓库出入库口位置。

步骤二：货架摆放

各小组在库区内摆放 9 排货架，每排货架 3 层 3 列，可采用横列式、纵列式或混合式摆放，留出方便存取货物的通道。

步骤三：货位编码

货架货位编码，小组所在的仓库编号即为小组序号，即第一小组的仓库为 1 号库，第二小组的仓库为 2 号库，依此类推。

步骤四：制作货位编码标识

制作货位编码标识，粘贴在相应的货位位置。

步骤五：制作货位编码分配表

画出仓库平面布置图，用 Excel 制作货位编码分配表。

相关知识点

1. 货位编码的含义

货位编码将仓库范围的库房、料棚、货场、货架、货垛、货位按某种规则统一编码，并做出明显标示，以便商品进出库可按编号存取。

2. 货位编码的方法

常见的货位编码方法有地址法、区段编码法、品种编码法。

（1）地址法：地址法的编码规律类似我们日常通信地址按省、市、道路、门牌号编码的规律，因而得名地址法。地址法是利用保管区中的建筑物第几栋、区段、排、行、层、格等作为参考，按相关顺序编号，通常采用的编号方法有“三号定位法”和“四号定位法”。

① 三号定位法。三号定位法是用 3 组数字依次表示仓库、楼层、仓间位置，例如，某货位编码为 05-02-03，表示库位在 5 号库、1 层、3 号仓间，如图 2-1-1 所示。

② 四号定位法。四号定位法是采用 4 组数字依次表示库房（货场）、货架（货区）、层号（排次）、货位号（垛位号）。例如，某货位编码为：01-03-02-10，表示货位

在 1 号库房（1 号货场）、3 号货架（3 号货区）、第 2 层（第 2 排）、10 号货位（10 号垛位），如图 2-1-2 所示。

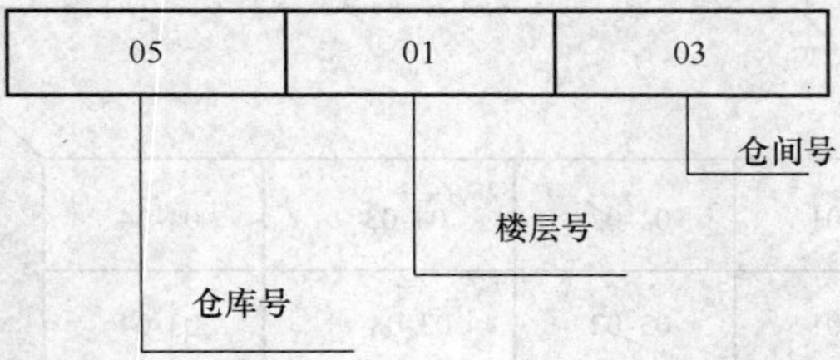

图 2-1-1　三号定位法

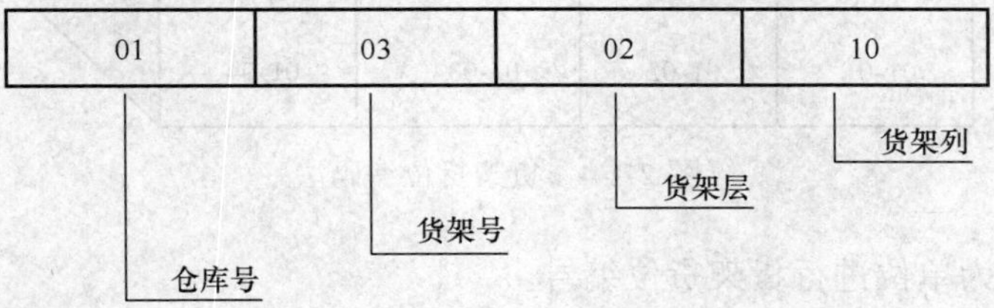

图 2-1-2　四号定位法

为了区分货位是在库房、货场还是货棚，可在第一位数字后加上拼音字母“K”、“C”或“P”，分别代表库房、货场、货棚。如 01K-03-02-10，表示货位在 1 号库、3 号货架、第 2 层、第 10 列。

③ 对货架的货位进行编码，通常采用以下 3 种方法。

（a）以排为单位进行货架编号。

首先，对货架进行编号，即站在货架通道内，面向货架从左至右依次编号，如图 2-1-3 所示。

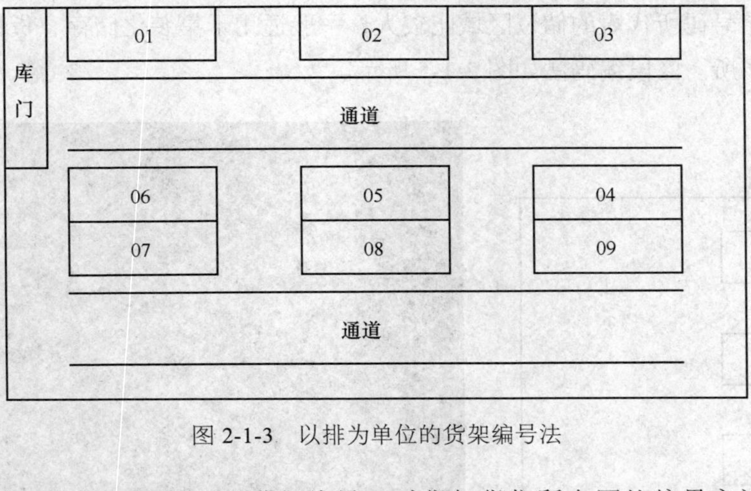

图 2-1-3　以排为单位的货架编号法

其次，对每排货架的层和列进行编号。对货架货位所在层的编号方法是从货架下层向上层依次编号；对货架货位所在列的编号方法是面对货架从左侧起横向依次编号。

货架货位编码法如图 2-1-4 所示。例如，某货物存放在 5 号库、2 排货架、2 层 3 列，货位编码为：05K-02-02-03。

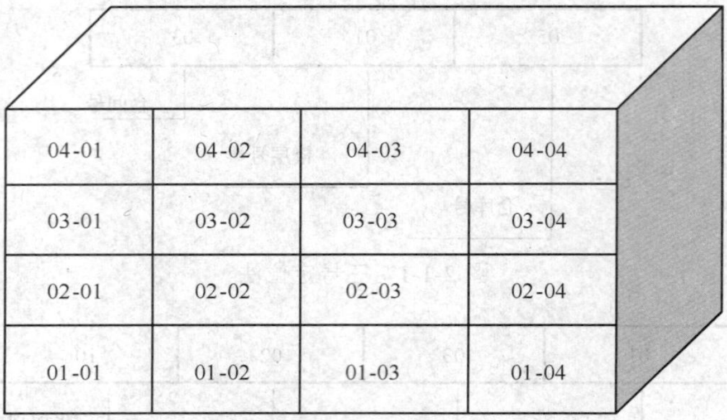

图 2-1-4 货架货位编码法

（b）以品种为单位进行货架货位编号。

这种编码方法是将库房内的货架，以商品的品种划分储存区域后，再以品种占用储存区域的大小，在分区编号的基础上进行格眼编号。

（c）以货物编号代替货架货位编号。

这种编码方法适用于进出频繁的零星散装商品；在编号时要掌握货架格眼的大小、数量与存放商品的体积、数量相适应。例如，某类商品的编号从 10101 号～10109 号，如果储存货格的一个格眼可放 10 个编号的商品，则在货架格眼上制作 10101-10 的编号，其余格口依此类推。

（2）区段编码法：区段编码法在编码时先把保管区划分为若干个区，再对每个区进行编码，例如编码为 A 区、B 区等，也可编码为 1 区、2 区等。这种编码方式以区段为单位，每个号码所代表的储位区域比较大，一般适用于集装化储存、货物批量大、储存周期短的场所。区段编码法如图 2-1-5 所示。

图 2-1-5 区段编码法示意图

（3）品种编码法：品种编码法是把储存的物料按照相关性进行划分，划分为几个大的品项群，再按照品项群对保管场所进行编码，如图 2-1-6 所示。这种方法适用于容易按商品类别保管的场合和品牌差距大的商品。例如，服饰、日杂、食品等。

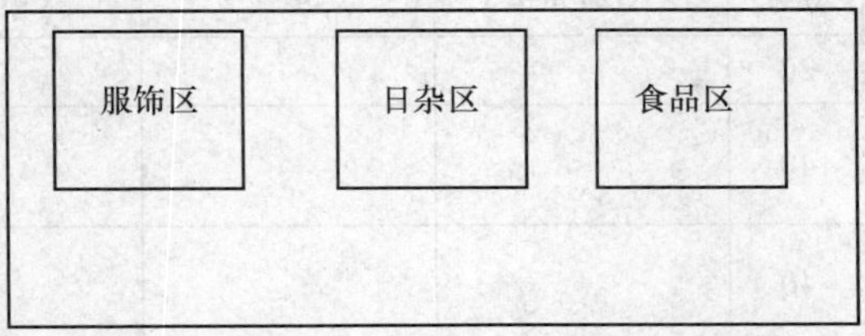

图 2-1-6　品种编码法示意图

3. 货位编码的标识

对货位编码的目的是为了方便找到商品存放在什么位置。货位的编码就好比商品在仓库中的地址，须符合“标志明显易找，编排循规有序”的原则。

（1）货位标识的位置要适宜，即货位编号的标志设置，要因地制宜，选择适当的地方、采用适当的方法标识货位。无货架的库房内，走道、支道、段位的标志一般都刷置在水泥或木板地坪上。有货架库的房内，货位标志一般标识在货架上。

（2）货位标识要规范，即货位编号的标志要规范，否则容易造成单据串库、商品错收、错发等事故。为了将库房以及走道、支道、段位等加以区别，可在字码大小、颜色上进行区分，也可在字码外加上括号、圆圈等符号加以区分。

（3）编号顺序要一致，即整个仓库范围内的库房、货场内的走道、支道、段位的编号，一般都以进门的方向左单右双或自左向右顺序编号的规则进行。

（4）段位间隔要恰当，即段位间隔的宽窄，应取决于货种及批量的大小。同时应注意的是，走道、支道不宜经常变更位置和编号，因为这样不仅会打乱原来的货位编号，而且会使保管员不能迅速收发货。

4. 货位编码的使用

货位编码编号后，就好比为储存位置命名了地址。当把物料存放到某个货位时，还要把地址和物料绑定在一起才能方便查找物料，因此要做好以下工作。

（1）当商品入库后，应将货物和储位编号捆绑在一起。将商品所在货位的编号及时登记在仓库台账、料卡的“货位号”栏中，采用计算机管理的仓库，要将货位编号输入电脑，由系统管理货位。需要注意的是，货位输入的准确与否，直接决定出库货物的准确性，应认真操作，避免差错。

（2）有产品出入库变动时，要及时更新库位信息。当货位上的商品增加、减少、移动时，必须及时更新存储记录。

（3）为提高货位利用率，一般同一货位可以存放不同规格的商品，但必须采用具有明显区别的标识，以免造成差错。

考核标准

考核点	各项总分	自我评价（10%）	学生互评（30%）	教师评价（60%）	合计
出勤与工作态度	20				
货架排放位置合理，方便出库入存取货物	40				
货位编码正确，标志制作规范，粘贴位置正确	40				
合计	100				

项目二
入库验收

实训目的

通过本项目的实训，使学习者理解入库验收的作用，掌握入库验收的方法。

计划学时

本实训计划用时为 2 课时。

实训任务

任务单

通达物流公司是一家第三方物流公司，该公司仓库为客户保管计算机配件。该公司仓库现接到客户通知，有一批计算机配件将于第二天上午运抵仓库，入库货物清单见表 2-2-1。

任务要求：

（1）各小组根据入库清单，做好入库准备。

（2）对该批货物进行实物检验，包括数量验收、外观质量验收、外包装检查。

（3）填写入库验收报告，在验收结果栏说明应收数量，外包装破损、水湿、污染情况，外观有无划痕、碎裂、漏液等情况。

表 2-2-1　　入库清单

商品名称	型号	装箱规格（个/箱）	价格（元/个）	入库数量（箱）
处理器	酷睿 i5 2310 四核/2.9G	4	1 010	2
处理器	酷睿 i73770 四核/3.4G	4	1 835	1
主板	索泰 ZT-C61D3-M1D	6	260	2
内存	梅赛伯 2G DDRIII	24	68	2
硬盘	希捷 500G	8	520	3

续表

商品名称	型号	装箱规格（个/箱）	价格（元/个）	入库数量（箱）
显示器	现代 19 英寸	1	560	2
机箱	世纪旗舰 660	4	90	4
键鼠	方正	12	35	1
CPU 散热风扇	龙卷风 775-06HY	12	25	2
电源	顶牛 300W	12	85	2
合计	—	—	—	21

实训环境和实训组织

1. 实训环境

实训环境为仓储场地，实训工具为货架、托盘、手动液压托盘搬运车，模拟货物，Office 软件。

2. 实训组织

步骤	方法
1	教师事先制作模拟货物和装箱单，每组总计 21 箱。但各小组模拟物的具体品种数量有差异，并设置一定数量的问题件
2	教师制作 PPT，介绍本次实训目的，组织学生学习相关知识点，讨论如何制订入库计划，如何进行数量检验、外包装检验、质量检验
3	教师为每个小组分配一个模拟的仓储场地和一组模拟货物
4	教师下发任务单，要求学生在规定时间内完成验收作业，填写验收报告单
5	教师检查每组验收报告单，剔除问题件，根据结果和用时记录成绩

实训步骤提示

步骤一：入库准备

根据检验的货物为计算机配件，入库准备应做好如表 2-2-2 所示的工作。

表 2-2-2　　入库前准备工作内容列表

入库验收准备	
序号	内容
1	入库验收报告单
2	入库验收工具和人员
3	装卸搬运设备和人员

（1）各小组打印入库验收报告单。

（2）分配角色，分别指定同学担任入库检查员、记录员、装卸搬运员，并指定同学填写验收报告。

（3）准备托盘和人力搬运叉车。

步骤二：核对入库凭证

将入库清单与装箱单进行核对、装箱单与箱贴进行核对，不符合的做记录。

步骤三：确定验收比例

（1）数量检验。需要验收的货物为电脑配件，入库商品包括计算机 CPU 处理器、主板、内存、硬盘、显示器、机箱、键鼠、CPU 散热风扇、电源等，均是按固定数量进行包装的小件货品。对于价值高、批量小的备件（比如 CPU 处理器）应进行开箱点数；对于其他价值相对较小的配件（比如硬盘、显示器）可采取 5%～15%的比例开箱查验件数；其余价值较小的商品，数量较大时，查看外包装完好，直接清点箱数即可。请根据此原则，制定数量验收标准。

（2）外包装检查。应按 100%的比例逐件查验。外包装检查一般应与数量检验同时进行。

（3）外观质量检验。显示器需查验外观是否有划痕、碎裂、漏液等情况，应 100%全验。对于其他配件类货品，采用 30%的比例抽验，检查是否有撞击、凹陷问题。

步骤四：进行实物检验

（1）数量检验。根据确定的验收比例，首先逐一清点箱数。对于 CPU 等价值高的配件，应开箱点数。数量不符时，记录实收数量。

（2）外包装检查。逐件检查商品外包装是否有破损、水湿、污染等情况。外包装检查可与数量检验同时进行。发现外包装有问题的，剔除单放（临时存放区）。

（3）外观质量检验。对于液晶显示器，应 100%全验。打开外包装逐件检查，主要检查是否有划痕、碎裂、漏液等情况。对于其他配件，按比例抽取样品，开箱检验是否有撞击、凹陷的痕迹。发现质量有问题的，剔除单放（临时存放区）。

步骤五：填写验收报告

检验完毕，填写验收报告。详细说明应收数量、实收数量，外包装破损、水湿、污染等情况，以及外观质量有问题的相关情况。

相关知识点

1. 入库验收的原因

入库商品经过长途运输和装卸搬运，容易出现数量、质量、包装破损等问题。在商品入库之前，必须要经过检查验收，只有经过验收的商品才能入库。

验收是保证仓库保管质量的第一道关口，是仓储作业过程中必需的交接工作。入库验收能够及时划分责任，验收记录是仓库提出退货、换货和索赔的依据，验收是避免商品积压、减少经济损失、保护仓库利益免受损失的重要手段。

2. 入库验收的要求

验收工作应遵循及时、准确、严格、经济的原则。

“及时”是指商品到达仓库后，应在规定的期限内完成验收工作。只有及时验收，才能保证商品尽快入库，满足用货单位的需要，加快商品和资金周转。同时，及时检验有利于保证在规定的期限内对不合格货物提出退货、换货或索赔要求。

“准确”是指验收的各项数据以及验收报告必须准确无误。验收的目的就是要弄清商品的数量和质量情况，验收不准确，就失去了验收的意义，并且引起保管工作的混乱。

“严格”是指验收工作一定要严格遵照标准，一旦发现产品不合格，或者包装不完整、有破痕，就必须放在临时保管区，不能入库。

“经济”是指验收工作要尽量节省作业费用，尽量保护原包装，减少或避免破坏性试验。

入库验收的工作流程如图 2-2-1 所示。

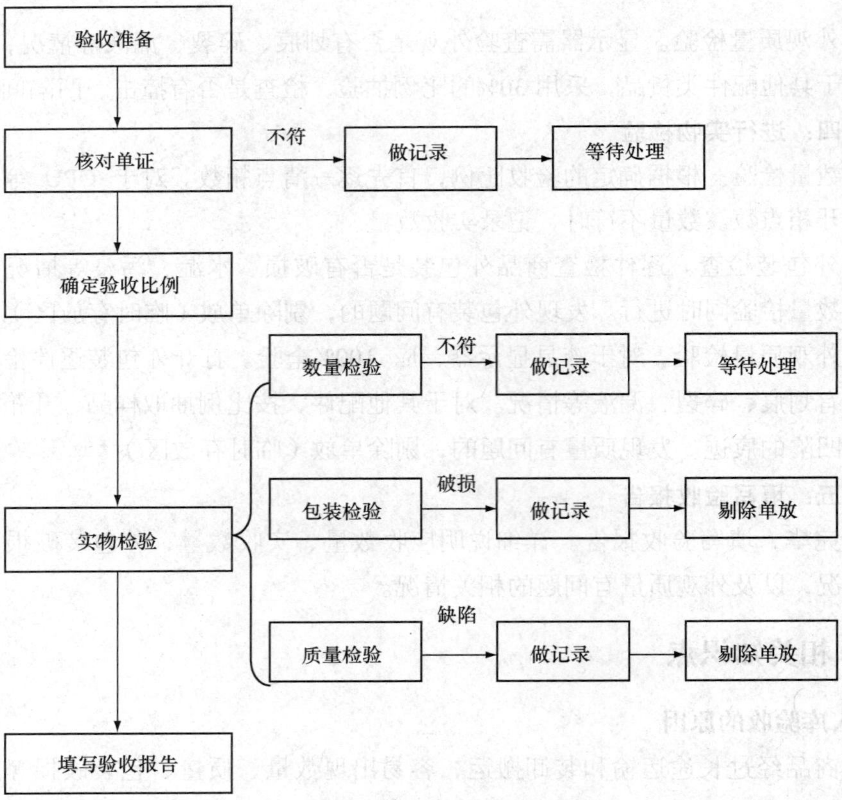

图 2-2-1 入库验收的工作流程

（1）验收准备。验收准备是应根据入库货物的性质和包装形态，提前准备好验收所需的点数、称量、测试、开箱、装箱、丈量等工具，准备验收要使用的各种单式，并根据验收工作量安排验收人员和验收场地。验收准备工作需要在货物到达之前做好。

（2）核对凭证。入库商品须具备以下凭证：入库通知单或订货合同副本、供货单位提供的货物资料、承运单位提供的运单以及货运记录。入库通知单或订货合同副本是仓库接受商品的凭证，供货单位提供的货物资料包括材质证明书、装箱单、发货明细等。核对凭证就是检查是否单单相符。

（3）确定验收比例。货物检验方式分为全验和抽验 2 种。全验就是 100%的货品参加检验。抽验是从一批货物中抽取一定比例的商品参加检验。采用抽验的方式验收时，要根据概率统计学方法确定一个合理的验收比率。全验和抽验适用的场合分别如表 2-2-3 和表 2-2-4 所示。

表 2-2-3　　全验适用的场合

全验适用的场合	计件商品入库时（采用逐件计数的方式检验入库数量）
	检查商品外包装情况
	检查商品外观质量
	对价值大、批量小、精密商品进行质量检验时

表 2-2-4　　抽验适用的场合

抽验适用的场合	对于批量大、价值低商品进行入库验收时
	质量稳定、规格整齐、供货商信誉较好的货物入库验收时
	验收条件有限时，可采用抽验的方式

（4）实物检验。当商品抵达仓库后，对实物进行数量检验、外包装检验和质量检验。

① 数量检验。根据供货商的货物性质和包装不同，数量的计量单位通常有以下 3 种。分别为：以件数为计量单位；以重量为计量单位；以体积为计量单位。

根据计量单位的不同，具体的数量检验方法如表 2-2-5 所示。

表 2-2-5　　数量检验方法

货物类型	数量检验方法
按件数供货或者以件数为计量单位的货物	数量验收时逐一清点件数
按固定数量进行包装的小件货品	若包装完好，逐件打开包装对保管不利的。对国内货物，可采用抽验法，即按一定比例（比如 5%～15%）开箱查验件数，其余查看外包装完好即可；进口货物要全部开包验数
	若属于对于贵重商品，可提高抽验比例或全部检验
按重量供货或以重量为计量单位的货物	数量验收时进行称重，例如金属材料、煤炭、硫磺、某些化工产品等
以体积为计量单位的货品	采用“先丈量尺寸后求体积”的方法进行检验，例如木材、竹材、砂石等

② 外包装检验。检查商品外包装是否有潮湿、破损、污染等情况。采用眼观、手摸等方法检查。

③ 质量检验。质量检验方法一般有外观质量检验、尺寸精度检验和内在质量检验这三种。仓库一般只做外观质量检验、尺寸精度检验。内在质量检验一般请专业技术检验单位进行。具体检验方法如表 2-2-6 所示。

表 2-2-6　质量检验方法

检验方式	检验手段
外观质量检验	外观质量检验一般采用感观检验法。就是通过人的感官，检验商品的外形或装饰有无缺陷，货物有无碎裂、漏液，有无被撞击、污染、潮霉、腐败、异味、生虫等质量问题
尺寸精度检验	椭圆材主要检验直径和圆度。管材主要检验壁厚和内径。板材主要检验厚度及其均匀度。尺寸精度检验主要适用于对金属材料中的型材、部分机电产品和少数建筑材料的检验
内在质量检验	对商品的内在成分、理化特性、性能等进行检验

（5）检验报告。在进行实物检验时，要对商品的型号、规格是否相符，数量是否正确，证件资料是否齐全，质量是否合格等信息做详细记录，填写验收磅码单和验收记录表，最后形成验收报告。验收报告单的格式如表 2-2-7 所示。

表 2-2-7　验收报告单

入库货物验收报告				
客户名称：				
运输公司名称：				
验收小组：			验收日期：　年　月　日	
序号	商品名称	规格型号	检查项目	验收结果

考核标准

考核点	各项总分	自我评价（10%）	学生互评（30%）	教师评价（60%）	合计
出勤与工作态度	20				
验收比例是否合适	20				
验收结果（检查以下质量点）： （1）数量检验结果是否正确；（2）质量检验时是否发现了所有的问题件；（3）是否将问题件放到了指定区域	60				
合计	100				

项目三 堆码上架

实训目的

通过本项目的实训，使学习者掌握如何将物品正确地码放在货架货位上，并登记库存台账，设立料卡。

计划学时

本实训计划用时为 2 课时。

实训任务

通达物流公司仓库在完成入库验收之后，可以入库的商品清单如表 2-3-1 所示（各小组根据本小组检验结果执行入库），请为入库清单中的货物制定存储方案，并将货物摆放到相应货位。

表 2-3-1　入库货物清单

商品名称	型号	装箱规格（个/箱）	价格（元/个）	入库数量（箱）
处理器	酷睿 i5 2310 四核/2.9G	4	1 010	2
处理器	酷睿 i73770 四核/3.4G	4	1 835	1
主板	索泰 ZT-C61D3-M1D	6	260	2
内存	梅赛伯 2G DDRIII	24	68	2
硬盘	希捷 500G	8	520	3
显示器	现代 19 英寸	1	560	2
机箱	世纪旗舰 660	4	90	4
键鼠	方正	12	35	1
CPU 散热风扇	龙卷风 775-06HY	12	25	2
电源	顶牛 300W	12	85	2
合计	—	—	—	21

实训环境和实训组织

1. 实训环境

实训环境为仓储场地，实训工具为货架、托盘、手动液压托盘搬运车、模拟货物、Office 软件。

2. 实训组织

步骤	方法
1	教师制作 PPT，介绍本次实训的目的，组织学生学习相关知识点；讨论如何办理入库手续以及如何堆码上架
2	教师为每个小组分配一个模拟的仓储场地和一组模拟货物
3	教师下发任务单，要求学生在规定时间内完成入库上架工作
4	教师检查实训结果，评定成绩

实训步骤提示

步骤一：堆码上架

（1）验收通过的货物即为可以入库的货物，各小组按商品的特性将这些货物划分为 3 类。

（2）按分区分类存放原则，将配送中心货架库位分为 3 个区。

（3）为入库清单上的货物分配货位，制定库位分配表，将货位编码和货物的名称绑定。

（4）搬运员入库货物码放在托盘上，用手动液压托盘搬运车拉到库内。

（5）按照库位分配表，将货物码放到货位上，箱贴面向通道。

步骤二：登记台账

货物入库后，应及时将存货信息录入系统。用 Excel 制作出入库台账管理表格，格式如表 2-3-2 所示，将入库货物的信息填入出入库存台账中。

表 2-3-2　　出入库台账

货物名称	规格型号	存放库位	入库			出库			结存数量	经办人	备注
			数量	日期	存货人	数量	日期	提货人			

续表

货物名称	规格型号	存放库位	入库			出库			结存数量	经办人	备注
			数量	日期	存货人	数量	日期	提货人			

步骤三：设立料卡

将货物信息填写在如表 2-3-3 所示的卡片中，并将卡片悬挂在货架货物下方的横梁上。

表 2-3-3　　　　存货料卡

日期		摘要	料卡编号	收入数量	付出数量	结存数量
月	日	承前页				

注：摘要一栏填写货主名称，出库、入库信息。

相关知识点

1. 货物在库内存放的基本原则

（1）分类存放。分类存放的好处是便于管理和查找库存商品。可按货物的用途、理化特性、包装形态、周转率、是否捆绑销售等特性将货物分类，按类别放在不同的存储区域。在本项目中，入库商品为计算机配件，可以按照 CPU、显示器、其他配件这样的划分分为 3 类。

（2）保持适当的搬运活性，摆放整齐。搬运活性是指物品便于装卸搬运（易于移动）的程度。物品的存放方式不同，容易搬运的程度不同，通常用活性指数 0,1,2,3,4 来表示，指数越高表明搬运的方便程度越高，越易于搬运。不同存放方式的搬运活性如

表 2-3-4 所示。

表 2-3-4 搬运活性表

序号	存放方式	搬运活性指数
1	无包装的地面散放的货物	0
2	有包装或放在一般容器的货物	1
3	装载在托盘上或者装入集装箱	2
4	放置在输送线上的货物	3
5	装在无篷货车或可移动设备或工具上的货物	4

（3）适当码高，货垛稳定。整齐码放在地面、托盘或货架上，码放要整齐，货垛稳定。

（4）标签面向通道，不围不堵。保证货物标签面向通道。大不包围小，重不压轻。

2. 货位使用方法

（1）固定货位存放。每种货品都有固定的存储位置，其他的产品不能占用。这种方法的优点是：每种货品都有固定的存储位置，便于查找物料所在位置，可提高拣选效率，便于实现先进先出和批号管理，允许相似的产品被归类放置在最合适区域。其缺点是：导致空闲货位，储存空间利用率低。

（2）随机货位存放。货品可随机放在任何空闲的位置上，不分类分区。这种方法适用于库房空间有限，存储的货物种类少、体积较大、容易识别，需尽量利用存储空间的场合。其优点是货位可共用，储存空间的利用效率较高。其缺点是库存管理及盘点工作难度较大，作业效率低。

（3）分区存储方式。即货物按其具有的某种属性或特性分区存放。其优点是：允许不同特性物品隔离存放，分批管理。查找物料比较方便，仓储空间利用率也较高，是仓库目前采用最多的一种存储方式。其缺点是：需要及时更新库存变化信息。

（4）混合存储方式。即一个仓库内，既有固定货位存储区，也有随机货位存储区。使用时将某些选定的物料存储到固定存储位置，其他物料则用随机存储方式存储。比如体积大、容易找的放在随机存储区，有批次管理要求的、先进先出要求的放在固定货位区。这种方式适用于库房空间有限，存储的货物种类少、体积较大、容易识别，需尽量利用存储空间的场合。

考核标准

考核点	各项总分	自我评价（10%）	学生互评（30%）	教师评价（60%）	合计
出勤与工作态度	20				
库位分配是否合理，是否有物品放错库位	40				
箱贴是否面向通道，码放是否整齐	40				
合计	100				

项目四 库存盘点

实训目的

通过本项目的实训，使学习者理解全盘的含义，能对库存以盲盘的形式进行全面盘点，并核算库存商品的价值。

计划学时

本实训计划用时为 2 课时。

实训任务

根据年终财务核算的要求，通达物流公司仓库年底要进行全面库存盘点，从库存台账提取的信息如表 2-4-1 所示。请对实际库存进行盘点，给出盘点报告，分析盘亏、盘盈情况。

表 2-4-1　　库存台账信息

商品名称	型号	装箱规格（个/箱）	价格（元/个）	入库数量（箱）
处理器	酷睿 i5 2310 四核/2.9G	4	1 010	2
处理器	酷睿 i73770 四核/3.4G	4	1 835	1
主板	索泰 ZT-C61D3-M1D	6	260	2
内存	梅赛伯 2G DDRIII	24	68	1
硬盘	希捷 500G	8	520	3
显示器	现代 19 英寸	1	560	2
机箱	世纪旗舰 660	4	90	3
键鼠	方正	12	35	4
CPU 散热风扇	龙卷风 775-06HY	12	25	2
电源	顶牛 300W	12	85	2
合计	—	—	—	22

实训环境和实训组织

1. 实训环境

实训环境为仓储场地，实训工具为货架、模拟货物、Office 软件、盘点表。

2. 实训组织

步骤	方法
1	教师制作 PPT，并介绍盘点流程、盘点方法、盘点形式
2	教师为每个小组分配一个模拟的仓储场地和一组模拟物品（各小组交换上次实训的场地，交叉盘点其他小组的物品）
3	教师下发任务单，要求学生在规定时间内完成盘点工作，填写盘点表
4	教师检查盘点结果，评定成绩

实训步骤提示

步骤一：盘前准备

（1）对盘点现场进行整理，参照知识点中表格的样式，准备盘点卡、盘点汇总表、笔、盘点盈亏表等。

（2）模拟通知其他部门的盘点时间，要求验收小组及时完成入库验收，出库小组及时出库发货。

（3）确定盘点方法为全面盘点，盲盘。

（4）每个小组 5 名成员，小组成员分工，初盘 1 人，复盘 1 人，核对 1 人，盘点信息录入员 1 人，仓库主管 1 人。

步骤二：初盘

由初盘员清点货架上物品，一人帮助记录名称、数量、库位，填写在盘点卡的上半部。盘点卡一式三联，一联贴在货物上，另两联转交复盘人员。

在盘点过程中，出了清点件数，还要逐一查看商品的包装是否有破损，是否有变质的迹象，发现问题，将其取出单放，并做记录。

步骤三：复盘

初盘结束后，由复盘员对货架上物品进行全面盘点年，填写盘点卡的下半联。

对于复盘没有异议的物品，复盘人员在盘点卡上签字，对于有问题的品项，仓库主管、初盘、复盘人一起进行盘点，确认数量，修改盘点卡。

步骤四：统计盘点结果，录入盘点信息

填写盘点汇总表，由信息员将盘点结果录入 Excel 表中，统计盘点结果。

步骤五：追查差异原因

按如图 2-4-1 所示的流程追查差异原因。

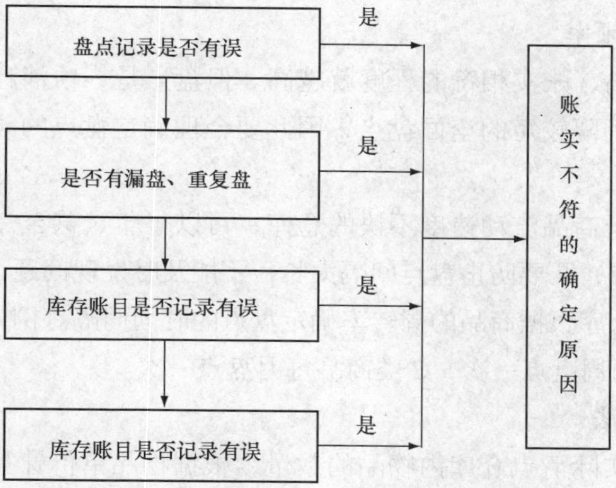

图 2-4-1　追查差异原因流程

步骤六：结束盘点

盘点结束后，由仓库主管上报老师，经老师审核后，填写盈亏调整表，并对库存账目和料卡进行调整。

相关知识点

1. 盘点作业流程

盘点作业流程如表 2-4-2 所示。

表 2-4-2　　盘点作业流程

盘点作业流程	
步骤一	制定盘点计划
步骤二	培训盘点人员
步骤三	清理、准备盘点现场
步骤四	初盘
步骤五	复盘
步骤六	清查账实不符的原因
步骤七	处理盘点的结果

2. 盘点计划的内容

盘点计划的工作内容表 2-4-3 所示。

表 2-4-3　　盘点计划的内容

盘点计划的工作内容	确立盘点的频率
	安排盘点人员
	协调相关部门配合
	准备盘点用品用具

3. 确定盘点的频率

盘点的频率越高，账实相符的程度就越高。但盘点是一项消耗时间、人力和财力的工作，很难做到间隔较短的全面盘点，因此要合理确定盘点的频率（盘点的时间间隔）。

一般来讲，对于商品流动速度不快的仓库，可以半年、甚至一年盘点一次。对于商品周转较快的仓库，既要防止盘点间隔太长，不能及时发现问题，也要防止频繁盘点造成的负担。一些仓库根据商品的周转率确定盘点的时间间隔。例如：A 类商品每天盘一次，B 类商品每两周盘点一次，C 类商品每月盘点一次。

4. 选择盘点方法

现货盘点是指实际清点仓库内物品的数量，根据物品单价计算库存金额。根据盘点的时间频度不同，有期末盘点、循环盘点，如表 2-4-4 所示。

表 2-4-4 盘点方法

盘点方法	概念	特点	备注
期末盘点	期末盘点是指在会计计算期末统一清点所有物品数量的方法	期末盘点要求将仓库所有商品一次点完，其工作量大、盘点要求严格，盘点期间由于停止出入库作业，会影响生产，通常是因财务核算要求而进行的盘点	期末盘点又称为全盘，常见的有月度盘、季度盘、年度盘
循环盘点	在每天或每周盘点一部分商品，一个循环周期每项商品至少完成一次盘点	循环盘点一次只对少量商品盘点，适用于不能停止生产的仓库	这种方法要确定每次盘点的具体商品

根据盘点的仔细程度，盘点工作又分为如表 2-4-5 所示的 3 种方式。

表 2-4-5 盘点的 3 种形式

盲盘	打印一个空白盘点表，盘点人员必须仔细对实物进行盘点，并填写盘点表内所有信息
实盘	将所有商品信息和数量打印出来，盘点人员只需到现场去清点和核对相关信息的准确性，发现差异则注明，留待修订
复合式	打清商品信息清单，但不写具体数量，由盘点人员清点商品数量之后如实填写

5. 盘点人员

（1）初盘人：负责盘点过程中物料的确认和点数，正确记录盘点表，将盘点数据记录在“盘点数量”一栏。

（2）复盘人：初盘完成后，由复盘人负责对初盘人负责区域内的物料进行复盘，将正确结果记录在“复盘数量”一栏。

（3）查核人：复盘完成后由查核人负责对异常数量进行查核，将查核数量记录在

"查核数量"一栏中。

（4）稽核人：在盘点过程中或盘点结束后，由总经理或财务部、指派稽核人与仓库经理负责对盘点过程予以监督或稽核已盘点的物料数量。

（5）数据录入员：负责盘点查核后的盘点数据录入电子档的"盘点表"中；根据以上人员分工设置、仓库需要对盘点区域进行分析进行人员责任安排。

6. 协调相关部门

盘点前将"仓库盘点计划"通知财务部、验收小组、采购小组、客服部、销售部、信息小组以及总经理，并说明盘点事宜。仓库盘点期间禁止物料出入库，所以要做好以下协调工作。

（1）盘点前要求采购部通知供应商将货物提前送至仓库收货，以便提前完成验收入库任务。

（2）盘点前通知验收小组，要求其在盘点前完成验收质量检验任务，以便仓库及时完成物料入库工作。

（3）盘点前与信息部门沟通好，给出预计的最终盘点结果出来的时间，以便信息部门安排盘点结果的信息录入和库存调整工作。

（4）通知销售部门或客户，盘点前及时发货出库，以免影响供应。

（5）盘点前仓库账务需要全部处理完毕。

7. 盘点用品、用具

盘点前需要准备盘点表、盘点工具，例如A4夹板、笔、透明胶、盘点表等。

盘点表样式如表2-4-6、表2-4-7所示。

表2-4-6 盘点卡

日　期	年　　月　　日	备注
物品编码		
物品名称		
存放位置		
数量		
初盘人		
日　期		
物品编码		
物品名称		
存放位置		
数量		
复盘人		
核对人		

表 2-4-7　　　　盘点汇总表

序号	物品名称	物料编号	规格	单位	初盘数量	复盘数量	确认数量	备注

8. 培训盘点人员

对盘点人员的培训内容为：识别货品的培训和盘点方法的培训，包括盘点程序、使用的盘点方法、盘点表格的填写、上次盘点错误与教训、盘点中需要注意的事项等。

9. 清理、准备盘点现场

盘点场地就是仓库的保管现场。在盘点作业开始前，要对其进行清理，清理工作包括如下内容。

（1）对已验收完成的物品应及时办理入库，若尚未完成验收程序，应划分清楚，避免混淆。

（2）预先鉴定呆料、废品、不良品，以便盘点。

（3）账卡、单据、资料均应整理后加以结清。

（4）储存场所的管理人员在初盘前预盘。

10. 清查账实不符的原因

（1）检查盘点记录。当出现差异时，首先检查盘点单据，以判断是否是由于盘点中的记录错误造成的。

（2）检查计量工具。检查盘点用的计量工具，以判断是否因计量工具误差造成盘点差异。

（3）询问盘点人员，检查是否存在漏盘、重盘、错盘等情况。

（4）检查库存账目，判断是否存在出入库数据录入或记账错误。

（5）是否存在商品丢失、腐烂、自然损耗过大等问题。

（6）确定账实不符的原因。

11. 处理盘点的结果

盘点结束后，仓库主管应将盘点结果上报主管领导。领导审核后的盘点结果，填写盈亏调整表，并对库存账目和料卡进行调整。物品盘点盈亏表如表 2-4-8 所示。

表 2-4-8 物品盘点盈亏表

物品名称	存货单位	账面信息			盘点信息			库存量盈亏	
		数量	单价	金额	数量	单价	金额	盘亏	盘盈
财务签字						仓库主管签字			

考核标准

考核点	各项总分	自我评价（10%）	学生互评（30%）	教师评价（60%）	合计
出勤与工作态度	20				
盘点流程是否正确	40				
盘点结果是否有误差	40				
合计	100				

项目五
货物出库

实训目的

通过本项目的实训，使学习者掌握出库作业流程。

计划学时

本实训计划用时为 2 课时。

实训任务

通达物流公司仓库接到客户出库通知如表 2-5-1 所示，请从仓库明细账中查询货物的库位，制作出库单，从相应库位上取出货物放到出库暂存区进行复核，确认无误后搬运到装卸月台，填写货物料卡，将出库信息录入仓库明细账 Excel 表中。

表 2-5-1 出库通知单

商品名称	型号	装箱规格（个/箱）	价格（元/个）	出库数量（箱）
处理器	酷睿 i5 2310 四核/2.9G	4	1 010	1
主板	索泰 ZT-C61D3-M1D	6	260	1
硬盘	希捷 500G	8	520	2
键鼠	方正	12	35	2
合计	—	—	—	6

实训环境和实训组织

1. 实训环境

实训环境为仓储场地。实训工具为货架、模拟货物、托盘、手动液压托盘搬运车、Office 软件。

2. 实训组织

步骤	方法
1	教师制作 PPT，并介绍出库流程
2	教师为每个小组分配一个模拟的仓储场地和一组模拟货物（各小组交换上次实训的场地和模拟货物）
3	教师下发任务单，要求学生在规定时间内完成出库工作
4	教师检查出库结果，评定成绩

实训步骤提示

步骤一：角色分配

分配角色，一人制作出库单，一人负责从库位上取出货物，一人负责复核，一人负责搬运，一人负责填写料卡，一人负责录入库存台帐。

步骤二：制作出库单

从仓库明细账中查询货物的库位，制作出库单如表 2-5-2 所示。

表 2-5-2 出库单

出库单编号			货主名称			出库日期		
出库人			复核人			复核时间		
序号	储位	货物名称	规格	物料编码	出库数量	单位			备注
						箱	托	件	

步骤三：备货

出库员按出库单的品种、数量从相应货位上将货物取出，整齐摆放到出库暂存区。

步骤四：复核

复核人员对照出库单核对出库暂存区中的货物，有问题做记录，并更正错误。

步骤五：点交

复核完毕，出库搬运人员将货物搬运到出库月台，摆放整齐，等待装车。

步骤六：登账

填写存货料卡如表 2-5-3 所示，并将出库信息录入到库存台账管理表格中（Excel 表）。

步骤七：清理

将托盘、搬运车等设备归位。

表 2-5-3　　存货料卡

日　期		摘要	料卡编号	收入数量	付出数量	结存数量
月	日	承前页				

相关知识点

出库作业是仓库根据出库凭证（客户的提货单或调拨单） 进行备货、复核、包装、签单、发运、登账等一系列工作的总称。

出库作业的流程如图 2-5-1 所示。

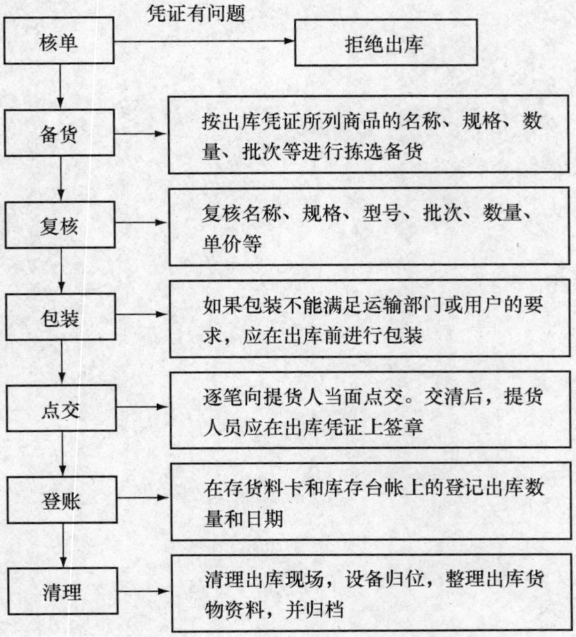

图 2-5-1　出库作业流程

考核标准

考核点	各项总分	自我评价（10%）	学生互评（30%）	教师评价（60%）	合计
出勤与工作态度	20				
出库拣货是否有错误，出库复核是否发现了应发现的问题	40				
出库完毕是否填写存货料卡，是否正确录入库存台账，设备是否归位	40				
合计	100				

附件
相关合同及协议范本

一、仓储合同范本

仓储合同

合同编号：______________

保管人：__________　　签订地点：______________

存货人：__________　　签订时间：______年____月____日

第一条　仓储物

编号	包装	货物名称	品种规格	数量	质量

第二条　储存场所、储存物占用仓库位置及面积：______________________________

第三条　仓储物（是/否）有瑕疵。瑕疵是：______________________________

第四条　仓储物（是/否）需要采取特殊保管措施。特殊保管措施是：______________________________

第五条　仓储物入库检验的方法、时间与地点：______________________________

第六条　存货人交付仓储物后，保管人应当给付仓单。

第七条　储存期限：从_______年_______月_______日至_______年_______月_______日。

第八条　仓储物的损耗标准及计算方法：____

第九条　保管人发现仓储物有变质或损坏的，应及时通知存货人或仓单持有人。

第十条　仓储物（是/否）已办理保险，险种名称：_______；保险金额：______________；保险期限：_____________；保险人名称：____________。

第十一条　仓储物出库检验的方法与时间：____

第十二条　仓储费（大写）：______________元。

第十三条　仓储费结算方式与时间：____

第十四条　存货人未向保管人支付仓含有费的，保管人（是/否）可以留置仓储物。

第十五条　违约责任：____

第十六条　合同争议的解决方式：本合同在履行过程中发生的争议，由双方当事人协商解决；也可由当地工商行政管理部门调解；协商或调解不成的，按下列第_______种方式解决。

（一）提交______________仲裁委员会仲裁。

（二）依法向人民法院起诉。

第十七条　其他约定事项：____

第十八条　本合同未尽事宜，一律按《中华人民共和国经济合同法》和《仓储保管合同实施细则》执行。

存货方（章）：	保管方（章）：
地址：	地址：
法定代表人：	法定代表人：
委托代理人：	委托代理人：
电话：	电话：
开户银行：	开户银行：

账号：　　　　　　　　　　　　　　　　账号：
邮政编码：　　　　　　　　　　　　　　邮政编码：

鉴（公）证意见：

经办人：　鉴（公）证机关（章）

年　月　日

（注：除国家另有规定外，鉴（公）证实行自愿原则）

有效期限：　　年　　月　　日至　　年　　月　　日

监制部门：　　　　　　　　　　　　　印制单位：

二、仓储保管协议范本

仓储保管协议

协议编号：__________

保管人：__________

存货人：__________

签订地点：__________

签订时间：__________

第一条　仓储物

仓储物名称：______；品种规格：______；性质：______；数量：______；质量：______；包装：______；件数：______；标记：______；仓储费：______；合计人民币金额（大写）：______。

第二条　储存场所、储存物占用仓库位置及面积：______。

第三条　仓储物（是/否）有瑕疵。瑕疵是：______。

第四条　仓储物（是/否）需要采取特殊保管措施。特殊保管措施是：______。

第五条　仓储物入库检验的方法、时间与地点：______。

第六条　存货人交付仓储物后，保管当给付仓单。

第七条　储存期限：从______年______月______日至______年______月______日。

第八条　仓储物的损耗标准及计算方法：______。

第九条　保管人发现仓储物有变质或损坏的，应及时通知存货人或仓单持有人。

第十条　仓储物（是/否）已办理保险，险种名称：______；保险金额：______；保险期限：______；保险人名称：______

第十一条　仓储物出库检验的方法与时间：______。

第十二条　结算方式与时间及期限：__________。

第十三条　储存期间届满，存货人或者仓单持有人应当凭仓单提取仓储物。存货人或者仓单持有人逾期提取的，应当加收仓储费具体如下：__________。提前提取的，不减收仓储费。

第十四条　存货人未向保管人支付仓储费的，保管人（是/否）可以留置仓储物。

第十五条　违约责任：__________；违约损失赔偿额计算方法：__________。

第十六条　本协议解除的条件如下。

（一）__________。

（二）__________。

第十七条　协议争议的解决方式：本协议项下发生的争议，由双方当事人协商解决，也可以由当地工商行政管理部门调解；协商或调解不成的，按下列第__________种方式解决。

（一）提交__________仲裁委员会仲裁。

（二）依法向__________人民法院起诉。

第十八条　其他约定事项：__________。

存货人（盖章）：______________保管人（盖章）：______________
住所：________________________住所：________________________
法定代表人（签字）：__________法定代表人（签字）：__________
委托代理人（签字）：__________委托代理人（签字）：__________
电话：________________________电话：________________________
传真：________________________传真：________________________
开户银行：____________________开户银行：____________________
账号：________________________账号：________________________
税号：________________________税号：________________________
邮政编码：____________________邮政编码：____________________
签订时间：______年____月____日签订时间：______年____月____日
签订地点：____________________签订地点：____________________

参考文献

[1] 刘毅.仓储作业实务.北京：机械工业出版社，2012.

[2] 郎德琴，李华.仓储与配送作业实务.北京：中国劳动社会保障出版社，2013.

[3] 骆卫清.仓储与配送业务管理.北京：国防工业出版社，2013.

[4] 胡国良.仓储与配送管理实务.北京：清华大学出版社，2008.